給孩子的臺灣妖怪故事

上

驚天動地妖怪大集合！
大自然與動物的神祕傳說

臺北地方異聞工作室——著
格紋上的茶漬（莊予瀞）——繪

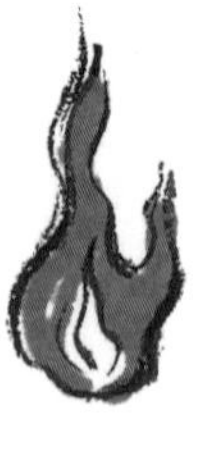

目錄

【序】

探索妖怪傳奇，留存故事的樂趣

虎姑婆、魔神仔、大鬼湖之主……祂們到底是誰？相信有你熟悉的，也有感到陌生的，這些令人畏懼的「神明、鬼怪、妖異」，或許不少人認為是迷信，甚至覺得是不科學、沒有意義的事。但事物的存在與否，向來不是衡量價值的唯一標準；這些流傳在臺灣的傳奇故事和民間信仰，背後留存了族群的歷史痕跡和過往社會的悠久記憶。不管現代人怎麼想，至少過去的人們相信祂們的存在，祂們的故事是先民生活的一部分。

為孩子傳承

為何現代要繼續傳承這些鬼怪故事？答案是為了要了解先民的生活，傳承古老的生命經驗。不是說祂們真的會在現代作祟，而是歷史感使祂們栩栩如生；我們透過鬼怪的足跡撿拾記憶，反思現代與未來——畢竟不了解過去，就無法知道該開創怎樣的未來。

臺北地方異聞工作室近幾年來致力於蒐集臺灣妖怪傳聞，陸續出版臺灣妖怪圖鑑《唯妖論：臺灣神怪本事》、跟著妖怪去旅行的《尋妖誌：島嶼妖怪文化之旅》、試圖建立臺灣妖怪學理論的《臺灣妖怪學就醬》等書；這些嘗試都是希望發掘、討論妖怪的新面向。如果追尋過去的用意是展望未來，那麼「為孩子寫妖怪故事」無疑是最合適未來主人翁的方式。我們希望大家意識到臺灣有著眾多族群，彼此間有豐富與複雜的根源和歷史課題，不論現在或是將來，這些故事是臺灣的一部分。

同時了解「故事」與「歷史」

撰寫本書時，我們特別留意幾個理念，首先是族群的多元。除了漢人，我們也蒐羅眾多原住民的傳說故事；當然，三十個精怪妖異還不足以呈現臺灣傳說的豐富。然而，我們希望小讀者能藉此意識到臺灣自古有著眾多族群與各異的文化。其中，「臺灣妖怪」這種說法是否能囊括原住民傳統中的「靈」？有沒有一種精準的翻譯能呈現原住民的世界觀？這些尚是未解的問題。雖然我們暫時以「妖怪」囊括原住民傳統裡不屬於神明的超自然存在，但這些都不是定論。透過暫用的「臺灣妖怪」一詞，但願大家能共同參與思考，或至少保持謹慎的態度看待本地的多元文化。

本書每一篇章分為兩大部分，一是「故事」，妖怪故事至少可分為兩種，一種是民間故事，原本就已有特定的情節、敘事方式、登場人物，譬如虎姑婆、林投姐等。對於這些故事，我們會按照合適的時代氣氛版本加以演繹。再者是民俗傳說，也就是與日常生活共存的怪異，譬如水鬼、魔神仔，這些鬼怪沒有既定的情節，只有遭遇的結果與解決的儀式，對此，我們會按照民俗對祂們的想像加以改編，撰寫出屬於這個時代的版本，也是保留今日我們對於妖怪傳說的觀察角度。

另一部分是「妖怪事件簿」，我們根據多項文獻，包括清代的《虎媼傳》、《淡水廳志》，日治時代的《臺灣原住民族系統所屬之研究》、《生蕃傳說集》、《臺灣風俗誌》，甚至考察南至菲律賓的巴丹群島，北至金山萬里，說明每篇故事形成的時代背景、各種版本的來由，以及如何反映當時人們的生活，包括他們的恐懼或是不方便的地方，如何形成了流傳久遠的傳說。這個部分既是歷史的根源，也是我們想向小讀者說明，妖怪並不可怕，通常都有祂形成的原因，只要我們願意好好理解，就能知道前人的努力與辛勞。

妖怪存在的理由

從臺灣的民俗學出發，「鬼」與「精怪」被視為不同類別，因此不少民俗研究者不將「鬼」列為妖怪之列，但我們的立場是不加以區分；因為我們的目的，並非建立一套完整的民俗學解釋體系，而是透過對於超自然的想像，追溯先民的生活方式與世界觀。希望透過轉述傳說，讓孩子了解先民思考世界的方式，以及妖怪存在的理由；要是因為不得不分類，反而剔除了某些故事，是十分可惜的，故我們僅大致依「怪異現象、動物幻化」、「魔神作怪、奇特巨怪」區分為上下兩冊。在這套書裡，盡可能多樣的呈現對臺灣的飽滿想像。

臺灣妖怪故事之後，接下來還會透過什麼來討論臺灣呢？或許接下來會開始討論臺灣神明吧，也可能是進一步建立完整臺灣神話和傳說系譜的機會，包括漢人與原住民，甚至是新住民的故事。無論如何，「給孩子的臺灣妖怪故事」不但希望小讀者在其中明瞭歷史的演變，最重要的是體驗神祇精怪的傳奇感，同時也能享受閱讀的無上樂趣。

向玉帝告狀的燈猴

古早古早以前，某一年的冬至時分，除了拜灶神，還會祭祖，那時候，人們就已經會吃湯圓來慶祝冬至了，不僅自己吃，甚至還要請家具吃。冬至是個感恩的節日，雖然家具沒有嘴，不能真的把湯圓吃下肚，人們還是會把湯圓黏到門板上、窗框上、農具上，希望慰勞這些物品的神明，感謝它們一年來的付出。於是冬至這天，每戶人家大大小小的東西上頭，都裝飾著糯米糰，窗戶上黏了紅色的湯圓、鋤頭上黏著白色的湯圓……就連灰灰的牛角，也被紅色、白色的湯圓點綴得鮮豔了起來，讓牛開心的哞哞叫了幾聲。

這一片溫馨氣氛中，唯有「燈猴」獨自生著悶氣。

燈猴是掌管照明的家具，一年到頭捧著燈火，替黑暗帶來光明。明明做的是這麼重要的工作，可是一整天，四周都在快樂過節，它等了又等，卻沒人注意到它，讓它既失望又嫉妒。

太陽下山了，到了晚上，終於有人走到燈猴面前想要點燈，燈猴看見他的手上，正端著一碗熱騰騰的湯圓，不禁滿懷期待。可是，那個人看了看燈猴，只是皺起眉頭。

「這麼油，好像黏不住啊。」他喃喃說了這一句話，點完燈，便轉身走開了。

冬至就這樣過去了。

燈猴氣得要命。那天起，它在心裡暗自盤算著可怕的念頭——它開始計畫，要怎樣好好的報復人類。

冬至過後不久，天庭的大殿上傳來一陣騷動。有隻灰撲撲的猴子，不由分說的跑到玉皇大帝面前，跪著哭哭啼啼，說著自己有多麼委屈。玉皇大帝嚇了一跳，過了一會兒，才終於認出眼前究竟是誰。

「這不是燈猴嗎？怎麼突然跑到這兒來了？」玉帝感到訝異。

「玉皇大帝啊！我是來向您報告，人類有多麼邪惡和高傲！」燈猴大喊著。

「咦？」玉帝困惑的歪著頭，「人類怎麼會邪惡呢？我從沒聽其他神明說過啊？」

「您有所不知呀！」燈猴跳起來，在大殿上直跺腳，開始激動數說起人類的罪狀。

「人類都是壞東西，他們不耕作，放任田裡的作物枯萎，土壤荒廢，一點也不認真努力，懶散得很！」燈猴這樣說。

玉帝撥開天空中的層層雲朵，順著燈猴所指的方向，往地面上看去。冬日時節，人間的田地早就已經收割完畢，田埂間的土地上，只剩下成捆枯黃的稻草，寒風一吹，幾根稻草無力的飄起又落地，乍看之下蕭索無比。見到這樣的景象，玉帝不禁皺起了眉頭。

「而且啊，人類還非常不愛惜糧食！他們總是到處亂扔食物，對土地的恩賜完全不懂珍惜，真是太過分了！」燈猴又說。

玉帝從雲另一邊的縫隙瞇眼望，看進了人間某戶人家。小磚房一角，鋤頭、鐮刀、牛軛、扁擔等農具上頭，都還看得見冬至黏上的紅紅白白湯圓粒，旁邊的小孩們拍手歡鬧，開心的咯咯笑著。玉帝見著這一幕，眉頭皺得更緊，沉重的搖起了頭。

「更糟糕的是，他們對萬事萬物都毫不感謝，忘恩負義！要不是有我替人類照明，他們在夜裡什麼事都沒辦法做，可是，他們從未對我道謝，竟然還……」

燈猴沒把話說完，只是掩著臉，再度發出了悲慘哭聲。玉帝仔細看眼前的燈猴，它的肩膀和頭頂上沾著灰燼，看起來髒兮兮的，毛則因為染上黏糊糊的油漬而打結雜亂，此外，身體各處都有被火和高溫餘燼燙傷的疤痕和傷，看起來彷彿受盡了虐待，再悽慘不過。

玉帝完全被燈猴說服了，祂既同情又生氣，用力拍了一下龍椅的扶手，馬上開始下令。

「人類如此罪大惡極，而我居然被蒙蔽了這麼久！傳令下去，在今年除夕夜降下大洪水，把人類全都清理掉吧！」

大廳上，燈猴仍小聲抽噎，只是玉帝不知道，它摀著的手掌下，已經換上了滿意的笑臉。

除夕要降洪水的事，馬上在人間傳開了。人們既驚慌又困惑，可是，面對玉皇大帝的可怕決定，卻沒有什麼能做的。消沉了幾天，人們接受了這件事，開始認真為最後一刻做準備。

為了不連累平時照顧自己的神明，人們把祂們送回天上去了。

為了與家人一起度過剩下的時間，遠行的人們回鄉團圓了。

為了舒舒服服、體體面面的死去，人們燒了好菜，穿上了新衣，要不留遺憾的離開人世。

除夕夜，人們吃飽喝足，與親友圍在爐火邊，不敢閉眼睡去，靠著彼此，一面天南地北的聊著，一面留意著屋外，想知道遠方的動靜。屬於大洪水的第一滴雨降下來了嗎？人們豎起耳朵，但深夜的大地靜悄悄的，時間緩緩過去，寧靜祥和一如往常，找不到一丁點末日的徵兆。

——雞啼了。

打著瞌睡的人們被雞鳴驚醒，驚訝的走出屋外。大家看見東邊的山頭上，太陽剛剛探出了頭，人們原以為再也沒機會看到這幅景象。除夕夜過去了，毀滅世界的大洪水沒出現，每個人都活了下來。

「恭喜啊！」

感覺就像是重獲了新生。大家都由衷欣喜的祝賀著彼此，新年早晨的陽光，閃耀在每一個人的笑臉上。

人們後來才知道，回去天上的神明們，紛紛跑到玉皇大帝面前替人類求情，聽了眾神明的解釋，玉帝總算弄清楚，人類不是懶惰的生物，多半也心懷感恩，惜物敬天。燈猴的指控，不過是挾怨報復罷了。玉帝因此在最後一刻收回了成命，讓人們得以繼續在大地上安穩生活。

不過，玉帝有沒有在天界懲罰燈猴，就沒人知道了。在人間，那個胡亂告狀、差點闖出大禍的燈猴，已經被人們燒掉了。

【妖怪事件簿】

冬至時，在家具上黏湯圓，慰勞器物諸神的習俗叫作「餉耗」（ㄒㄧㄤˇ ㄏㄠˋ）；而「燈猴」是用竹子編成的燈架子，原本應該叫作「燈鉤」。不過，因為燈鉤、燈猴兩個詞發音很相近，而燈架的外型也的確有點像蹲踞著的猴子，久而久之，大家就改叫它燈猴了。

在還沒有電燈的年代，在燈猴上放置裝有燈油和燈芯的小碟子後，就能擺在桌上，或是掛在牆上當作光源，燈猴於是成為家家戶戶都有的照明用具，與日常生活密不可分。在一些古老的節日活動裡，也不難看到燈猴的蹤跡，譬如，清代的文獻就曾記錄，民間會在除夕時，把舊燈猴燒掉換上新的，而燒舊燈猴時，人們還會趁著餘燼尚未完全熄滅，將

灰燼分成十二等分來占卜。據說觀察一個個灰燼堆的明暗程度，就能知道隔年各個月分的天氣狀況呢。

如果除夕時忘記燒燈猴，那就要小心了，因為傳說中，要是不燒掉燈猴，放過三年後，燈猴就會成精，到時候，燈猴精可是會開始作亂的。雖然現在已經沒人用燈猴了，也就沒有燈猴成精的問題，不過燈猴還存在的年代裡，「燒燈猴」想必是一件重要的事。姑且不論成精與否，一整年都盛著燈火的燈猴，到了年末，想當然一定沾滿油漬，變得油膩膩的，要是不小心引燃，難保不會助長火勢，釀成嚴重的意外。或許，將燈猴換新的這項習俗，就是古人的消防安全措施吧。

鄭成功斬除的妖怪

基隆河映著天空和山岸的顏色，河水在陽光下奔流不息，水聲不歇。河面寬廣，水流雖不至於湍急得險惡，但這畢竟是條大河，對水面上那支要渡河的船隊來說，可不能輕忽大意。船上的人也知道這點，無不賣力的划槳，絲毫不敢偷懶。

那些是鄭成功的軍隊。鄭家軍跟隨鄭成功，從原本駐軍的臺南出發，有時走陸路，有時走水路，行軍了好一陣子，終於到了臺灣的北端。這天天氣不錯，陽光明亮，天上飄著薄薄的雲，有風穩穩的從其中一側河岸吹來，雖然熱了點，但總比那種煙霧瀰漫、陰風慘慘的天氣好太多了。

某個划著槳的士兵吁了口氣，抹掉沿著鬢角滑下來的汗。他想起不久前的事，那時天空灰濛濛的，雨將下而未下，他們經過一處山林，不知道從哪裡竟然飛來一隻怪鳥。那隻怪鳥非常巨大，翅膀一張就幾乎遮掉半片天空，搧起來的時候，人都被風颳得直不起腰來。

怪鳥朝他們俯衝，飛得又低又近，張嘴發出刺耳的鳴聲，尖銳的鳥爪一揮一握，隊伍中的一個人就這樣被抓走了。

「救命啊！救命啊！」

然而，士兵們全都嚇呆了，誰也不敢上前救他。

好在鄭成功不怕。他指揮了幾個老兵，拉出鄭家軍最厲害的大砲「龍熕（ㄍㄨㄥˋ）」，對準大怪鳥，毫不猶豫的下令開砲射擊。砲聲隆隆，煙硝瀰漫，等到白煙散去，大家只見到巨大的怪鳥鳥首落地死了。而怪鳥的爪子鬆開後，被抓走的士兵總算被同袍拖了出來，雖然受了點傷，但至少小命還在。

說也奇怪，死掉的大怪鳥，鳥首落地之後竟然變成了石頭。軍隊走遠後，划槳的士兵偷偷回頭看了一眼，還能看見那塊石頭靜靜的立在原地，就像一座小山。

又有一次，他們經過某處山路，突然間，厚厚的霧氣從山頂上籠罩下來，沒多久大家就看不清四周了。他們緩緩前進，在濃霧裡努力辨識地形，過了好一陣子才發現大夥一直在同一顆大石頭附近打轉。迷路還算小事，一些士兵吸進霧氣後，開始感到身體不適，一下頭暈，一下冒冷汗，有的甚至連走都走不動了。

鄭成功只是咳了幾聲，皺著眉，領著還能走的士兵，往霧最深最濃的地方前去。

「喝！」

所有人突然聽見鄭成功大喊了一聲，隨後就是鐵器鏗鏘，重物墜地，只是霧太濃，實在看不見他究竟做了什麼。不過，之後霧便慢慢的散去了，大家終於能看清楚鄭成功，只見他站在還散出絲絲霧氣的一塊石頭下，緩緩收劍入鞘。

那塊石頭像是鶯哥鳥的形狀，只不過頭也被鄭成功砍下了。沒人知道那究竟是什麼東西，只知道石頭斷首後，霧便不再出現，空氣清淨了起來，身體不舒服的士兵不久就恢復了健康。

划槳的士兵想，在這樣罕無人跡的野地裡，的確什麼事都有可能發生，不過遇上這麼多怪異的危險，還是讓人不安極了。他真希望接下來行軍都平安順利，不要再遇上任何怪物了，畢竟，他可不想丟了小命啊。

事與願違。就在鄭家軍的船隊經過河流中央的時候，又有不尋常的東西出現了。

鄭家軍航行的區段是河流轉彎處，相較其他地方的河道，這裡的水流稍緩，水深也足夠，這就是為什麼他們選擇在此過河。然而，原本還倒映著山光水色的河水突然升起一陣波動，河深處，一道黑影浮了起來，在前方的船隻下游動。划槳的士兵驚呼出聲，其他士兵也開始鼓譟，讓船幾乎停了下來。

前面的船難道沒發現嗎？才這麼想，那道黑影忽然迅速上浮，還來不及反應，那東西便頂翻了船，躍出了河面——

是一條大魚！

士兵們目瞪口呆，那不是普通的大魚，牠的身體比河上的船都還要長，鱗片比人的臉還要大，而牠突起的眼睛彷彿一對大燈籠，發出森然亮光，就像正狠狠瞪視著這一支船隊。牠的身軀在空中畫出一道弧線，隨後落回河中，激起的浪頭讓船晃得差點翻過去，濺起的水花則如下雨一樣落到每個人頭上。

「是魚精啊！」

不知道是誰這樣大喊。大魚精還在水底下來回游動，從前面那艘翻掉的船落進水裡的士兵，趕緊掙扎游泳，往後頭的船逃去，然而這時，大魚精浮到水面附近，尾巴一揮就迅速滑了過來，大嘴張開，竟然把那些人統統吞下肚了。

「啊！」

看見這慘狀，士兵們都驚慌喊叫，從船邊退開，深怕一不小心摔下船，自己也變成魚飼料。魚精看似吃飽喝足，擺動著魚鰭，從從容容的游走了，士兵們又驚又怒，卻一點辦法都沒有。

「可惡的魚精！」

突然之間，有人這樣大喊，推開眾士兵，大步朝船邊跨去。

那是鄭成功。他雙手扠在腰上，大聲吼叫，看起非常非常生氣。

「竟然敢吃掉我的士兵，你以為這麼簡單就可以逃走嗎！」鄭成功站在船頭，對著魚精怒斥道。

原本已經游遠的魚精聽到這句話，似乎被激怒了，牠在水裡一轉，魚尾迅速擺動，就這麼朝鄭成功所在的這艘船衝過來。

這下該怎麼辦才好？魚精在水裡，用力一撞就能把船掀翻，船上的人卻根本碰不到牠。就算拉出那座龍熕好了，砲擊對水裡的魚精來說又能有多少效果呢？而就算出動鄭成功的那把寶劍，也總不能就這樣跳下水和魚精搏鬥吧？在砍到魚精前，就會被一口吃掉了。但是，鄭成功看起來絲毫沒有慌亂的樣子，仍然將寶劍拔出了劍鞘，怒目瞪著越游越近的魚精，就在魚精又浮出水面的那一刻——鄭成功竟然將寶劍用力擲了出去！

只見寶劍反射著陽光，閃閃發亮，筆直衝入河水，像是魚叉一樣刺穿了魚精的身體。魚精張開嘴，痛苦的扭動身體，掀起好幾個大浪，讓鄭家軍船隊一陣搖晃，所有人都抓緊船身，深怕被甩出船。

過了一陣子，魚精終於失去力氣往河底下沉，看不見蹤影了。水深處，浮上了另一片暗影——那是魚精的血。血汩汩的湧出，河水被染得紅紅的，在晴天陽光下清晰的令人怵目驚心。那顏色過了好久、好久，才終於被沖淡，緩緩的褪去。

鄭成功站在甲板上，腰間的劍鞘空空的，卻依然不減他的英氣和威嚴。

「魚精已死，我們可以平安渡河了。」

鄭成功鼓勵著士兵。他指揮驚魂甫定的士兵們回到工作崗位，下令船隊繼續橫越水面。

「這些精怪實在太危險了，我可不能放牠們繼續危害人間。」他撫著下巴的鬍鬚，對士兵豪情壯志的說道：「我聽人說，東北方的海邊有一隻龜精，也會吐妖霧害人，接下來我們就往那邊走，一一除去這些精怪吧！」

聽起來實在很危險，划槳的士兵有點害怕，但想想一路行軍下來，鄭成功不是已經斬殺過許多精怪了嗎？士兵說服自己相信鄭成功的話，也許他們真的能打敗所有出現在眼前的精怪，任何危機都能化險為夷。同袍們都精神昂揚，划槳的士兵也擦了擦汗，跟著搖槳前進，向未知的彼岸航行而去。

【妖怪事件簿】

史實中，鄭成功在西元一六六一年的四月從臺南鹿耳門登陸臺灣，至西元一六六二年六月病逝，在臺灣生活的時間不過才短短數個月，甚至不曾離開南部。但民間傳說裡，鄭成功率軍殺伐精怪的故事卻遍布了臺灣的東西南北，尤其在北臺灣，密集流傳著許多則鄭成功及大軍消滅精怪，使它們化成石頭的「精怪化山」傳說，彷彿鄭成功擁有不可思議的飛快腳程。除此之外，民間也傳說鄭成功曾在廣東海域獲得一座神奇的大砲——「龍熕」。龍熕據說是龍變成的，不僅威力驚人，還能預知戰事吉凶。在民間故事中，這座砲是鄭成功討伐精怪的得力武器，使得這些故事平添不少神奇的色彩。

雖然鄭成功早逝，不過他的軍隊在臺灣墾殖多年，活動範圍的確十分廣闊，南至恆春，最北甚至曾達淡水、基隆一帶。如果翻看一些文獻，會發現原始紀錄中，消滅精怪的主角只說是鄭氏軍隊，而非鄭成功本人，譬如《淡水廳志》裡提到「偽鄭」砲擊鶯哥石以及鳶山。此外，許多傳說的發生地與鄭氏的墾殖據點距離相近，可能因此留下相關的故事，例如鄭氏曾在金包里堡（今新北市的金山區、萬里區及石門區東部）拓墾，傳說裡鄭成功砲轟龜精的地點「野柳」，正是在此區域之內。

此外，有些故事之所以變成鄭成功本人的事蹟，很可能是在流傳過程中發生轉化。譬如臺北劍潭的「斬魚怪」故事，清代的相關文獻裡，只記錄了荷蘭人將劍插在潭邊茄苳樹上，結果樹皮增生，將劍包在樹幹裡的情節。鄭成功沉劍於潭中的描述，最早其實出現在竹南堡（今苗栗）的地方志紀錄中，但此時並未提及沉劍的原因，要到日治時期的文字紀錄，魚怪正式出現，故事才變成現今我們熟悉的版本。

由於鄭成功不只是歷史人物，也是受人信仰的神明，民間將斬妖除魔的事蹟附會到他身上，甚至編造全新的故事來彰顯他的神勇，也就一點都不奇怪了。

因花締結的姻緣

蛇郎君的故事

姊姊站在籬笆外，看著妹妹和她的郎君親密的依偎在屋前，她悄聲走近，踩碎了籬笆旁的小黃花。

刺眼的汁液在姊姊腳下漫開，她想起那天父親臉色慘白的看著妹妹拿起小黃花。那朵不起眼的小花，在被父親摘下那刻，就注定促成一段姻緣。

她是幸運的。父親採下的花，主人是一條蛇。這黃花促成的姻緣，是一個萬劫不復的深淵，但善良又孝順的妹妹，不忍心看父親被吞入蛇腹，情願犧牲自己嫁給蛇郎君。

多偉大的情操啊，不愧是父親從小到大捧在手心上的女兒，姊姊看著眼前這對佳人冷笑。得到所有偏愛長大的妹妹，本以為嫁給了蛇會有悲慘的一生，沒想到體貼妹妹的郎君，怕嚇到新婚妻子，所以幻化成英俊的人形，對妻子百般寵愛。

「姊姊……妳怎麼來了？」妹妹看見姊姊站在竹籬笆前，像看見鬼魅一樣。

「父親放心不下，囑我看望妳，妹妹一切安好？」姊姊推開門走進院落，妹妹與郎君對看一眼，站起身迎上來。

「妳是姊姊吧？幸會幸會。」低穩的嗓音從妹妹身後傳來，姊姊看見了比黃花還要好看的面容。

「早已聽聞妹夫對舍妹體貼，現在一見，我就放心了。」姊姊對妹妹的郎君微笑，心底想著：「憑什麼！」

自妹妹出嫁以來，姊姊飽受街坊鄰居的酸言冷語，妹妹有個好歸宿，做姊姊的卻嫁不出去。說好聽是留在家中照顧老父，但在外人眼裡，認為姊姊性格乖僻，難怪嫁不出去，父親也只關注出嫁的妹妹，沒看見默默照料他的姊姊。

姊姊長久以來無聲的承受著，到了現在已至崩潰邊緣，此行來找妹妹，為的就是一個了斷。

在妹妹與妹夫家中的這幾日，姊姊等待著妹妹落單的機會，但兩人如膠似漆，感情好得不得了。

但姊姊慢慢等，總會等到一個機會。這天，郎君到樹林中摘小黃花，妹妹到井邊想打一盆涼水，等郎君回來便能用冰涼的井水洗漱。

妹妹彎腰抛出木桶，木桶落水那刻，背後被狠狠的推了一把，她一踉蹌撞向井邊，手扶著井壁驚恐的回頭看，是姊姊。

「姊姊……妳！」妹妹嚇得說不出話來，姊姊趁勢抓住妹妹往井裡按。

姊姊這一離家，便已絕了自己的退路。她回不去也不想回去，她想從根本上了結。

妹妹消失了，父親就能看到她。如果沒有妹妹就好了，現在只差一點點就能得到想要的人生。

「撲通！」

在一陣掙扎後，井面恢復平靜。姊姊按著激烈跳動的心臟，想著終於結束了，妹妹接下來的人生會由姊姊替她好好過的。

「我回來了，妳還在忙嗎？」郎君推開院門走向井邊，姊姊全身僵硬的用裙角擦乾手，慢慢的轉過身去。

郎君走近姊姊，將她額角散落的髮絲順回耳後，「別忙了，我今天採了妳喜歡

的小黃花，漂亮嗎？」

姊姊接過小黃花，怯怯的開口回應：「很漂亮，我很喜歡……」

她心裡竊喜著郎君沒發現，姊姊和妹妹的樣貌本就相似，有時父親也會認錯，郎君原身是蛇，更看不出身為人類的姊姊和妹妹的差別。

是夜，姊姊躺在蛇郎君身邊，窗外傳出淒厲的鳥啼，姊姊敏感的看著靠近的鳥，心裡升起一股莫名的慌亂。

這時，蛇郎君也望向了窗邊，想開窗查看，姊姊伸手溫柔的蓋住郎君的眼睛說：「你先睡吧，我出去看看。」

姊姊走出屋外，把停在木窗旁鳴叫的鳥牢牢的捏在手心裡，慢慢的越來越用力，鳥就沒了聲音。

「妳別不甘心，我會替妳好好照顧郎君，好好活下去。」姊姊顫抖的挖開土堆，將鳥屍埋進去後，對著土堆喃喃自語。

次日，姊姊送郎君出門。

「這裡什麼時候長出竹子來了？」姊姊順著郎君的視線一看，瞪大著眼看向埋著鳥屍的地方，居然長出竹子。

「剛好，家中缺了張椅子，砍了給你做竹椅。」姊姊將顫抖的手背在身後，笑著對郎君說。等到郎君走遠，姊姊支撐不住跪倒在地，恨恨的看著竹子。

「死了也不讓人清靜，我砍死妳，砍死妳……」姊姊抄起斧頭歇斯底里的砍著竹子，手中流出汩汩的鮮血，濺在竹子上，像竹子流的一滴滴血淚。

當晚，姊姊做了一桌好菜，與郎君共進晚餐，姊姊就坐在她下午剛做好的竹椅上。

「這把竹椅做得不錯，妳的手真巧。」得到讚美的姊姊羞紅了臉，她過往很少得到讚賞，不論是從父親、妹妹或是外人口中，郎君的讚美對她來說彌足珍貴。

「我做了點你喜歡的紅龜粿，在灶上蒸著，等會兒給你嚐嚐。」郎君對姊姊點了點頭，姊姊說完正要站起身，卻被椅子絆倒，狠摔在地。

「啊！」姊姊驚惶的大聲尖叫，郎君伸手想扶起姊姊，姊姊卻失魂落魄的躲

開，拿起竹椅往廚房踉蹌的走去。

「燒死妳，燒死妳這陰魂不散的鬼東西！別再來糾纏我！」姊姊奮力把竹椅摔成幾塊，丟入灶台下方熊熊燃燒的烈火中。

為什麼？姊姊心裡不停的想，為什麼要在她最接近幸福的時候，妹妹還要來干預。

從小到大，從生到死，都不願意放過她！

姊姊愣愣的看著燒成黑灰的椅子，打開灶台上的蒸籠，紅龜粿蒸好了。但她沒發現，郎君站在她背後冷冷的望著她。

姊姊將蒸好的紅龜粿，留了一部分在家中，另一部分送給了左鄰右舍，得到她一直想聽到的關於賢慧的讚美，和嫁了好夫婿後眾人看向她那欣羨的眼光。

姊姊送完紅龜粿在家中等著蛇郎君回家，想著郎君一回家就能吃到熱騰騰的紅龜粿。但她沒等到郎君，卻等到了一個未盡的輪迴。

「姊姊，妳為什麼要這樣對我？」竟然是妹妹！她站在門口瞪著驚駭的姊姊，一步步逼近。

當姊姊反應過來起身掐住妹妹脖子時，腳踝一痛倒臥在地，姊姊顫抖的摸向傷口，兩個凹陷的小洞是蛇吻的印記。

姊姊在漸漸感到冰冷、呼吸慢慢消逝時，是這樣想的：果然，那樣的幸福終究是虛妄的鏡花水月。肯定的目光、真心的讚美、體貼的夫婿和眾人的欣羨都不屬於她。

一次又一次殺了妹妹，妹妹一次又一次復活，反覆的證明她是錯的，她的霸占只換來死亡。

姊姊閉上眼前看見的最後一個畫面，是依偎在蛇郎君懷裡的妹妹。

姊姊在最後沒有不甘心，也沒有絲毫的恨意或是悔意，只是覺得有點可惜，她已無處可去了。

郎君和妹妹的身影越來越遠，最後什麼都看不見。

【妖怪事件簿】

蛇郎君的傳說有許多變體，從漢人到原住民都有不同的版本。這些變體看下來可以歸納出幾個元素：蛇變成的風度翩翩美男子、父親採了蛇郎君的花而被迫要嫁女兒、姊姊嫉妒妹妹有好姻緣，想害死妹妹取而代之、妹妹死後的靈魂轉生成鳥、竹子、椅子、紅龜粿而復活、善良的小女兒和蛇郎君有幸福的好結果。

其中幾個元素是不是讓人想到一個耳熟能詳的西方童話故事《美女與野獸》呢？《美女與野獸》的情節中有幾處與蛇郎君傳說類似，父親摘取花朵送給小女兒，女兒因此被迫嫁給野獸（妖怪），姊姊也嫉妒妹妹，這些傳說與故事在不同國家、不同地區，卻有相似的地方，這樣的故事類型在全世界都有。

在臺灣這塊土地上，蛇郎君故事的變體就有漢人版本的〈蛇郎君〉、一九二一年王恆星撰寫的〈蛇花〉、一九九七年李壬癸編寫的《高雄縣南島語族》中的〈百步蛇變人〉、一九九八年小林保祥撰寫的《排灣傳說集》中〈嫁給神蛇的姑娘〉、二〇一四年《臺灣魯凱族民間故事》中，發生在恆春、蛇郎是百步蛇的〈蛇郎君〉，這些關於蛇郎君的故事，大都圍繞在一個主軸，善良的少女嫁給化身為人的蛇妖，因為善良最後大都得到好結果，就算被姊姊害死，蛇郎君也為少女報仇，仍有好結局，從這個角度來看，故事中蛇郎君的形象都是正面的，雖然強娶少女，但仍有好結果。

也許是當時時代背景，勸人為善，且認為女子的歸宿是嫁個好夫君，就算與妖怪結為連理，仍可以有幸福的結局。到了現代，女性的歸宿不再只有嫁個好老公，如果遇到蛇郎君，會有怎樣的故事呢？

別替陌生人開門
虎姑婆的故事

山上濃密的樹林裡，有間小房子，裡頭住著一對姊弟和他們的爸媽。這天，爸媽要出一趟遠門，很早就出發了，房子裡留下姊弟兩人，就這麼過了一天。不過，山裡的夜來得快，好像還沒玩過癮，天色不知不覺就越來越暗。就在太陽剛沒入山的背後時，有人敲響了家門。

叩叩、叩叩。

「有人在家嗎？開門呀！」那個人在門外喊。

姊姊和弟弟聽到了。他們互看了一眼，一時都沒有說話。爸爸和媽媽交代他們乖乖聽話待在家裡，臨走前還特別提醒，不能出去，也不要讓別人進來。

「要小心，山上不只有很多壞人，甚至還有老虎。在我們回來前，絕對不能開門讓別人進來，記住了嗎？」

他們那時候答應了。媽媽在門口手扠著腰交代他們的樣子，兩人都還記得。可是——

叩叩、叩叩。

「快開門吧！」門另一邊的人說：「我是姑婆呀！」

姊姊和弟弟又互看了一眼，皺眉煩惱了起來。媽媽沒有說，不能進來的「別人」裡面，到底有沒有包含姑婆啊？

「姑婆的話……應該沒關係吧？」弟弟說。

「可是，媽媽說不能讓別人進來。」

「但是，她是姑婆啊。」

叩叩、叩叩。

咿呀。

弟弟打開了門。

姊姊和弟弟看著姑婆大步走進房子裡。進門來的姑婆又高又壯，個頭比媽媽還大，手臂比爸爸還粗，厚厚的背駝著，臉上滿是皺紋。她看著姊弟倆，乾癟的嘴唇咧開一笑，露出顯然非常健康的森白牙齒。

「好久不見，長這麼胖了呀……」

姑婆呵呵笑，伸手捏了捏弟弟的臉頰，癢得弟弟咯咯笑了起來。

「你們的爸媽很擔心，所以託我來陪你們過夜。」

姑婆這樣解釋。弟弟歡呼抱著姑婆，很高興總算有人陪。不過姊姊歪著頭，心裡有點疑惑：怎麼爸媽沒跟他們說過姑婆會來呢？只是疑惑歸疑惑，姑婆看來確實非常慈祥，笑著陪他們吃完了晚飯，一點都不可疑。

「晚上沒什麼事，吃飽了就早點上床睡吧！啊，弟弟真是可愛，今晚我就跟你一起睡吧！」

她這樣宣布，趕著姊姊和弟弟進房了。

喀滋、喀滋，好像有誰在吃東西。

半夜，姊姊被聲音吵醒，坐起來揉了揉眼睛。房間沒點燈，裡面黑漆漆的，她只隱約看到弟弟床上有個巨大的影子，低頭發出聲響。

「姑婆，妳在做什麼？」姊姊問。

黑暗中好像傳來小小的一聲「噴」，可是姊姊半夢半醒，沒有聽到。

「我肚子餓了，在吃點心。沒事，繼續睡吧。」

「吃什麼？」

「只是花生，睡吧。」

空氣中飄來一絲氣味，姊姊嗅了嗅，開始覺得有點不對勁。

「姑婆，我也餓了，花生能不能分我一點？」

「唉，小孩子晚上吃東西不好，妳睡吧，睡著了就不餓了。」

「我餓到睡不著了，一點點就好嘛，拜託──拜託嘛──」

黑暗中又傳來一聲「噴」，這次姊姊聽到了。弟弟床上的黑影向姊姊的棉被拋過來一個小東西，姊姊摸索半天才終於找到。

那東西不是花生米。

就著從窗戶透進房間裡的光線，姊姊看到了──

那是一隻小指頭。

姊姊摀住了自己的嘴巴。

「吃了沒有？」姑婆說：「吃了就趕快睡吧。」

但姊姊這下再也睡不著了。眼睛適應了黑暗之後，她看到坐在弟弟床上的黑影，輪廓竟然是一隻巨大的老虎！她忽然明白，他們被騙了，那不是「姑婆」，而是「虎姑婆」，弟弟甚至被吃掉了。她在黑暗中落下了眼淚，又不敢哭出聲音，深怕虎姑婆發現詭計穿幫，也會馬上吃掉她。

虎姑婆還在「喀滋、喀滋」的啃，吃得津津有味。一想到那是弟弟，姊姊就忍不住想吐。

她不能再待在這裡，她必須逃走。

「姑婆，我想要上廁所。」姊姊說。

「睡覺前不是才上過廁所嗎？妳是不是想偷溜出去玩？」虎姑婆聽起來不大高興。

「沒有，是真的尿急……」

「睡吧，睡著了就不想上廁所了。晚上不能亂跑。」

「真的憋不住了——拜——託——」姊姊的聲音有點發抖。

虎姑婆不耐煩的大嘆一口氣。黑暗裡面，虎姑婆好像在找著什麼東西，發出窸窸窣窣的聲音。姊姊正猶豫著要不要趁現在跑掉，虎姑婆卻馬上抓住了她的腳，她差點尖叫出聲。

幸好，虎姑婆不是要吃了她，只是在她的腳踝上繞上一條繩子，綁得死緊。

「上完廁所就馬上回來。不准跑去其他地方。不聽話的話，我就扯繩子把妳拖回來。」

姊姊緊張得拚命點頭。

一走出房間，姊姊就用發抖的手解開了繩子，人悄悄溜出了門，爬到院子裡的樹上躲著。她還記得爸媽說過，老虎不會爬樹。

房間裡，虎姑婆等著，但姊姊一直沒回來。她不耐煩的拉回繩子，發現末端空空如也，她終於知道發生了什麼事，氣得發出一聲大吼，一躍出了房子，尋找逃跑的姊姊。虎姑婆跟著腳印，一路嗅聞，追到了院子樹下，看見月光照下的影子，抬頭一看，和姊姊對上了眼。

「快下來！我還沒吃飽呢！」既然已經被拆穿，老虎索性不再扮演和藹的姑婆了，她對著姊姊張開血盆大口。

「拜託別吃我……」

「那怎麼行！」

「拜——」

「省省力氣，沒用的。」虎姑婆咧開嘴獰笑，尖銳的牙齒在月光下森然發光，「不管妳求再多次，我都不會放過妳。」

聽到這句話，姊姊差點又哭出來。可是不行——她沒時間哭泣，必須努力的思考對策，才能活下來。

「姑婆……我知道我逃不掉了，可是直接讓妳吃掉，我會怕。不如，姑婆吊一鍋熱油上來，我把自己炸熟了，再讓姑婆吃好不好……？而且啊——」姊姊緊張的吞了吞口水，補充說道：「炸過的東西最好吃了。」

「炸過的東西最好吃了……」虎姑婆好像相信了，她想像著炸小孩的滋味，也跟著嚥了口唾沫。

事不宜遲。虎姑婆流著口水，開始張羅油鍋，一面還盯著姊姊，深怕食物逃跑。她在廚房乒乒乓乓弄了一陣，端出一口好大的鍋子，鍋子裡的油冒著煙，滋滋作響。接著，她又找來一條結實的繩子，一端綁在鍋把上，另一端則拋過了樹枝。她拉著繩子，油鍋也一吋一吋升起，離姊姊越來越近，越來越近。

「快跳啊！」虎姑婆對著姊姊喊。

「我要跳了！」姊姊對著虎姑婆喊：「姑婆妳張大嘴等著，我炸熟了就跳下去給妳吃！三——」

虎姑婆對著樹梢張嘴，滿懷期待。

「二——」

虎姑婆用力把嘴張得更開，眼睛都擠到瞇了起來。

「──」

虎姑婆往前站了一步。姊姊深吸一口氣，抓著鍋把，把滾燙燙的油全都潑進她的喉嚨裡。

「啊──」

虎姑婆發出淒厲的哀號聲，在地上打滾、掙扎，過了很久、很久，終於死去了。

天亮過後許久，爸媽終於回家了，他們看見院子裡被燙熟的大老虎，還有房間裡弟弟的屍骸，救下了樹上的姊姊，三人流著淚，互相擁抱著。

「不能讓別人進來。」

這句話不需要再說一次。他們犧牲了親人，已經牢牢的記住這一課了。

【妖怪事件簿】

提到「虎姑婆」，大多數人也許都會馬上說「我知道！」，然而如果要一群人分別說出自己聽過的虎姑婆故事，情節可能各不相同，大概會令在場的人都大吃一驚。

最早的虎姑婆相關文獻應為清代黃之雋的《虎媼傳》，裡頭描述一對小姊弟外出拜訪外婆，卻在路上遇見老虎變成的婦人，最終只有姊姊倖存下來。然而，流傳於臺灣的虎姑婆故事，絕大多數都是小孩待在家裡，虎姑婆偽裝熟人登門拜訪的「在家型」版本。

雖然開頭十分一致，不過關於虎姑婆和小孩的鬥智過程，可就發散出各式各樣的變體了。有的故事裡，虎姑婆自稱是外婆或姑婆，小孩也馬上相信了；但某些版本中，虎姑婆卻受到小朋友的質疑，用法術變了好幾次才喬裝成功，進入屋內。進入屋裡的虎姑婆，有時就像一般人，有時卻特別要求小孩拿甕讓她坐，好藏住老虎尾巴。

故事的結尾也有不同分歧，流傳最廣的版本是，活下來的小孩在樹上淋下了熱油，燙死了虎姑婆。但某些版本中，逃上樹的小孩選擇對外求援，之後被路過的人救走。還有幾個特別的版本，樹上的小孩最後竟然是被接去天上當月亮了。

虎姑婆的下場也有很多變化。有被熱油或熱水燙死的、被棍棒打死的，卻也有的虎姑婆只是被燙傷，最後活著逃跑了。此外，還曾有人記錄到「虎姑婆屍體粉末變成昆蟲」這樣的結局。

就連原住民族中都流傳著情節相似的故事。譬如排灣族有〈撒利苦的故事〉，卑南族可以找到〈熊外婆〉和〈妖怪的故事〉，太魯閣族則

有〈吃小孩的惡魔〉。這些雷同的情節，或許正代表著共通的恐懼，於是透過故事，大人傳給小孩相同的警告：不要過分相信陌生人，即使他自稱親戚，仍然可能會深深的傷害你……

住在風之根源的風婆

北方的深山裡，陽光忽而明媚忽而黯淡，樹林層層疊疊，在光影交錯間，沙望疾步穿過。她每走幾步便回頭張望，警覺的看向來處，沙望在樹林深處的洞口前停了下來，敲響洞口石壁。

「阿普巴蕾，是我！沙望啊，妳在嗎？」沙望只聽見自己的回音。她將耳朵貼在石壁上聆聽裡頭的動靜，一片寂靜無聲。她焦急的大力敲擊石壁，發出「咚咚咚」的沉悶聲響。沙望邊敲邊回頭看，深怕沒叫醒阿普巴蕾，反而引來其他人。

「阿普巴蕾！再不開門就來不及了，怎麼辦啊……」剛說完，洞口開了一個小縫，頓時吹出一陣微風。

一雙瘦骨嶙峋的手伸出洞口猛的抓住沙望，將她一把拉進洞裡。沙望的身影消失在洞口，縫隙也隨之關閉。

「怎麼了……不是跟妳說不要再來了嗎？」慵懶的語氣好像才剛睡醒。

洞穴內光線昏暗，隱約能看見一個瘦削妖異的婦人，打了個哈欠後又伸了懶腰，銀白的髮絲垂落遮掩面容。沙望抹了把額上的汗，急切的開口：「阿普巴蕾，妳該不會又睡著了吧？上次妳睡著出了大事，還不小心點！妳……」

阿普巴蕾有些不耐煩的擺手，「好了，找我到底有什麼事？」

「上次大風造成災難，好幾個族人受傷、死去……好不容易搭起的屋子也垮了，還壓傷人。」沙望想到那天的風災，難過的垂下頭，緩了一會兒後抬頭想再開口，剛好對上阿普巴蕾又打了個哈欠，沙望心裡又氣又急的衝阿普巴蕾大吼。

「都什麼時候了，妳還想著睡！」沙望抓著阿普巴蕾的手，凝重的看著她的眼睛，「我們部落的勇士該丹……要上山殺了妳！」

阿普巴蕾沒有驚慌，沙望看不透她的打算，她也只是淡淡的開口說：「上回的確是我的疏忽，在外頭晒太陽，忘了關上洞口。」阿普巴蕾揉了揉額頭，「你們想除掉我，也不是沒有原因。」

「那妳怎麼辦？」沙望焦急的看著阿普巴蕾。

「請妳向族人轉達我的歉意，但這並不是為了要求饒，只是對於因為我一時疏忽而造成的風災，深感抱歉。」

沙望撩起阿普巴蕾遮掩面容的銀白長髮，露出額上猙獰的傷口。

「我知道……妳也只是為了治療頭上的囊腫，才到洞外晒太陽，一不小心睡著了，才讓洞口大開釀成風災……妳不是故意的。」沙望從貼身布包裡拿出磨碎的草藥，小心翼翼的敷在阿普巴蕾頭上的傷口。

「傷害一旦造成，受難的人才不管這些……妳回去吧，不要再來了。」阿普巴蕾將洞口打開一處縫隙，風吹翻沙望的衣襬，像一隻手將她推出洞口。

「妳要小心！不要再睡過頭了，知道嗎？阿普巴蕾……」沙望的聲音被阻隔在洞穴外，石壁已完全閉合。洞穴外陽光大好，微風徐徐，沙望心裡卻很慌。

下山的路比上山陡，沙望想起她第一次見到阿普巴蕾，那是她十五歲獨自上山採藥的時候。遇上誤以為她要侵犯領地的黑熊，沙望跌坐在地，腦子一片空白。在絕望之際看見妖異的婦人站在一個洞穴前，下一瞬間大風四起，黑熊轉變了方向。沙望趁機往洞穴跑，在洞口闔上前與婦人對上了眼。

回到部落後問了耆老才知道，那洞穴通往地下的岩石，是風的發源地。而那

名婦人叫作阿普巴蕾，掌管洞口的開闔，以此控制風的強弱。

從此沙望把阿普巴蕾當作恩人，上山採藥時，會到洞穴旁徘徊。若剛好遇上阿普巴蕾，會給她新鮮的草藥，直到最近那場風災發生……

「沙望！」從錯綜的思緒裡回神，沙望發現自己下山回到部落，該丹喊著她的名字向她走來。

「妳今天好像比較晚下山？」該丹看著沙望的布包，「明天妳就先別上山了，我要出發去找阿普巴蕾。」

「什麼時候？」沙望抓住該丹的手。

「我天一亮就出發，妳別擔心……」該丹反手握住沙望的手安撫她，「妳知道的，我能拉開最大的弓，會射準阿普巴蕾的心臟。」

沙望緩緩抽回自己的手，「或許能有別的方法，不一定要殺死她？」

該丹不解的看著沙望。

「那場風災，我全部的家人都被壓死在石柱下，只有殺了她，才不會再有風災發生。」該丹話語裡的堅定，讓沙望無言以對。

「雖然風災帶走我的家人，但沙望妳會成為我的家人對吧？在明日完成任務以後。」在沙望成年後，兩家人便有這樣的婚約。沙望心裡清楚，但她現在說不出肯定的答案。

她木然的點點頭，心裡已做好打算。

沙望在天未亮的時候，便摸黑上山，她從未在深夜裡上山，這是件玩命的事。沒人知道會碰上什麼野獸，但沙望一心只想著能在天亮前趕到洞穴。她祈禱阿普巴蕾在洞穴裡，就算睡著了，厚重的石壁也能擋下該丹的利箭。就算勇猛如該丹，還是無法打開洞口石壁。但就算是這樣想，沙望的心仍很慌亂。

黑幕下，樹林裡發出蟲鳴與野獸的低吼，沙望猛的停下腳步，流了一身冷汗。慢慢回頭看，後面一片漆黑，像是一張口要吞噬沙望。

每當有風吹過，沙望就在心裡默念著阿普巴蕾的名字，似乎這樣就能得到力量，順利到達洞穴，讓阿普巴蕾避開死劫。

終於，在樹林的盡頭能隱約看見洞穴。沙望抹了把額頭的汗，加快腳步，她快要到了。當她接近洞穴時，發現在月光反射下發亮的銀白髮絲。

沙望心中一驚，早告訴過她不要在外面睡覺了，等一下安全進去洞穴後，一定要狠狠罵阿普巴蕾，沙望心底暗暗的想。但一方面又慶幸她趕上了，阿普巴蕾果然在外面，只差十幾步的距離了，沙望跑向阿普巴蕾。

「阿普巴蕾！就叫妳進去睡……」

「嗖！」

阿普巴蕾胸前銀白色的髮絲被羽箭的衝擊帶起，在月光下飛散又落下。

沙望停下腳步跪坐在地。眼睜睜的看著又一支羽箭刺入阿普巴蕾的心臟，她張大嘴巴無法言語，她的胸膛好似也被羽箭射穿了。

她好像看見阿普巴蕾睜開眼睛，看了她一眼。跟上次的眼神一樣淡然，這一眼讓沙望奮力奔向阿普巴蕾。

「就叫妳不要睡過頭了……」淚水湧上，沙望哽咽著話都說不清，手下動作卻迅速的拿起布包的草藥顫抖的按住阿普巴蕾中箭的胸口。

「就叫妳……不要再來了。」阿普巴蕾看著沙望和她身後的月亮，沙望撥開阿普巴蕾的髮絲，她緩緩的閉上眼。

「這次妳就睡吧……睡飽了，傷口就好了。」沙望機械的把草藥覆蓋在阿普巴蕾胸前與額上的傷口，布包已經掏了個空，眼前的阿普巴蕾一動也不動。天濛濛的亮了，一直站在沙望身後樹林的該丹把虛脫的沙望背下山。

在風災以後，部落終於迎來喜事，射殺阿普巴蕾的勇士要與沙望結合，族人也一片喜慶，祝福著他們。

在儀式上，卻找不到沙望。

後來，有人說在山上樹林深處的洞穴看見過沙望，又說沙望被阿普巴蕾的靈魂帶走了，但無論沙望的下落如何……

從此，巴宰族四時和風，再無風災。

【妖怪事件簿】

關於風婆最早的記載是在一九二三年，日治時期的人類學家佐山融吉與大西吉壽編撰的《生蕃傳說集》裡。在這本書中，當時人類學家記錄並採集了臺灣原住民口傳敘事與傳說。

《生蕃傳說集》裡風婆的故事是這樣記載的，在臺灣北方有個洞窟，洞窟裡住著一位妖異的婦人。巴宰族相信洞窟是風的發源地，婦人則掌管洞口的開闔，也掌握了風的大小。某天，婦人頭上生了囊腫，聽說晒太陽可以醫治，便到洞外晒太陽，沒想到睡著後忘了關閉洞口，使得風災襲捲部落造成傷亡。部落的勇士帶著弓箭路過洞口，恰巧碰到熟睡的風婆，便一箭射死她，從此就沒有風災了。

記載中，風婆的樣貌是妖異的婦人，故事中風婆的名字「阿普巴蕾」是由巴宰族語「Apu bari」而來，Apu bari 是巴宰族語「婆」和「風」的發音。巴宰族是臺灣平埔族原住民，主要住在臺灣中部。但《生蕃傳說集》中風婆的場景描述則是發生在北部的深山，兩者為何會有地理上的差距，是滿有趣的現象，但由於風婆流傳下來的記載非常稀少，並不足以判斷傳說確切的位置。雖說記載稀少，但風婆的故事也能在一九六九年吳瀛濤撰寫的《臺灣民俗》一書中看見。雖然這個版本的風婆沒有指出是巴宰族的傳說，但對比《生蕃傳說集》，應該可以推測是指同一個故事。風婆的記載雖少，但傳說的內容獨特且罕見，是原住民珍貴的口述敘事。

來自巴丹群島的山藥怪人

今日的海面平靜，湛藍的海水，在陽光下閃耀著寶石似的光。

這是兄弟倆與父親出海的第三個月。他們離開紅頭部落，乘著拼板舟，沿著古老的航線南下，一座島、一座島的搜尋，如今已歷經三十多座島嶼了。他們始終沒有找到母親的下落。兄弟倆不禁開始懷疑，父親口中的那個「怪物」是否真的存在，母親真的還活著嗎？

畢竟，這一切都太不可思議了。

還記得，父親是這麼跟他們說的。十五年前的某一天，母親和姊姊到深山裡挖掘山藥，卻發生了意外。姊姊挖出了一株巨大無比的山藥，足足有一個人高，還呈現完整的人形：不僅有著頭顱、軀幹和四肢，臉上的眼睛、鼻子、耳朵、嘴巴，軀幹上的乳頭、屁股、生殖器，四肢的手指、腳趾、關節……等等，人類該有的器官一個也沒少。母女兩人用盡全力將山藥從土裡拔出來，然而人形的山藥竟生出翅膀，一把將母親攫走。

為了救回母親，父親從小就訓練兄弟倆「拔藤」。一開始是拔甘藷藤，甘藷藤的根部雖淺，卻向四面八方延伸，抓住方圓好幾里的土地。兄弟倆經過好幾年的訓練，才能輕易將之拔除。後來，父親又要他們拔水藤。水藤比甘藷藤難多了，根部插入泥土好幾個人深，莖部則又粗又大，還纏繞附近的樹幹，幾乎融為一體；達悟人會用鐮刀割取水藤來編織籃子，但要徒手拔起水藤，幾乎是不可能的事。不過，又經過幾年的訓練，兄弟倆最終竟也能輕易將之拔除。

兩兄弟成為了大力士，但他們一直不明白，為何父親要他們進行這樣強人所難的訓練。直到完成訓練的那天，父親告訴他們山藥怪人的事，他們這才知曉母親在他們年幼時離家，以及姊姊一直自責的原因。於是三個月前，他們毅然決定和父親一同出航，展開營救母親的旅程。

船上的食物充足，只是缺乏淡水。他們選在一座滿布椰子樹的島嶼停泊。取水時，兄弟倆遇到一位婦女，便隨口打聽母親的下落。

「十多年前，確實搬來一個外島女人，就住在部落的中央。」婦女指著一條寬大的道路說。

兄弟倆驚喜萬分，這是他們幾個月來，第一次得到有用的消息，趕忙返回船上告訴父親。父親沉吟許久，考量到自己年老體衰，便囑咐兄弟倆前往查看，自己留在岸邊守船。兄弟倆於是沿著道路前進，沒多久，便看見一座涼台[1]。涼台的柱子裝飾著粉色的花朵，乍看之下十分美麗，仔細一瞧卻是代表魔鬼的棋盤腳樹！兄弟倆知道自己這下找對地方了。涼台沒看見人，他們便往屋內搜尋，沒多久果真發現一位正在織布的老婦人——

「母親！」兩兄弟忘情的呼叫，把老婦人嚇了一跳。她擺擺手，直說是認錯人了。或許是時間太過久遠，就算兄弟倆告訴她過去與女兒採山藥被山藥怪人抓走的事，仍舊顯得半信半疑。

「既然如此，你們去燒開水來應驗吧！」她說。

兄弟倆不知道母親想做什麼，卻仍舊依照她的吩咐燒了開水端來。只見她捧著那盆滾燙的開水，呢喃一陣，似在下咒。「接下來，我要將開水潑到你們身上，如果你們兩個真的是我的親生兒子，便不會被燙傷；若非如此，還是趕快離開，以免被山藥怪人吃掉。」她如此警告。

兄弟倆聽聞，站得更加挺直了，直視著母親，躲也不躲。母親狠下心，將開水往兄弟倆身上一潑，兩人只感覺水流過身體，卻一點也沒被燙傷。眼見兩人安然無恙，母親不敢置信的流下淚來，「沒想過會有得救的一天……」

之後，她要兩人到倉庫燒掉山藥怪人的翅膀，以免山藥怪人乘著翅膀追來，自己則到另一個房間，和這些年與怪人生下的孩子道別。「媽媽要去哪裡？」年幼的孩子不解的問，母親噙著淚，不知該如何解釋，只是親吻他的額頭，之後便頭也不回的和兄弟倆直奔海邊。

父親看見十多年未見的妻子，高興的給予一個大大的擁抱。母親的心裡也很高興，但她無法放心，總是覺得山藥怪人不久便會追來，催促兒子們趕緊啟航。一家

一　達悟人特有的建築，以屋頂、平台和四根柱子搭建而成，四面無牆。在遮蔽陽光的同時，又能享受海風。

四口努力划槳，逕直往北方的故鄉前進，本以為歸途能一路順遂，然而，母親的預感成真了。就在太陽即將觸碰海面之際，山藥怪人在天邊現身。原來，兄弟倆急著逃跑，沒有完全燒盡他的翅膀。只見山藥怪人身上插著用法術修復的翅膀，臉上的表情既憤怒又悲傷。

「為什麼要逃跑，難道經過這麼多年，我還是沒能打動妳嗎？」他難過的說。

「謝謝你這些年來的照顧，但你當初畢竟是強行擄走了我，現在我的家人來找我，就放過我們吧。」母親如此說道。

但山藥怪人怎麼聽得進去，他大吼一聲，往拼板舟俯衝而來，打算把船給弄翻。所幸，父子三人早有準備。父親掀開船艙，裡頭放著整整五十支長矛。三人手持長矛應戰，趁著山藥怪人俯衝時一陣猛刺，卻發覺對方的皮膚堅硬，不但傷不了他分毫，長矛反而還因此折斷。他們將斷矛拋入海中，重新拿起新的一支繼續戰鬥。雙方不斷纏鬥，山藥怪人時而盤旋、時而俯衝，雖然沒能弄翻小船，父子三人的長矛卻也不斷消耗。

夕陽逐漸沒入海面，天空出現由金色和紫色交織而成的彩霞。此時，船艙裡剩下最後一支長矛了。山藥怪人顯然也注意到此事，飛行的路線更加挑釁（ㄒㄧㄣˋ）。父親手裡握著最後一支長矛，心中惴惴不安。他知道，這是最後一次攻擊機會，若再失手，山藥怪人將帶走妻子，他與兒子三人也將葬身海底。他指揮兄弟倆控制拼板舟，盡量避開山藥怪人俯衝的方向，思索該如何打敗對方。忽然，他看見了山藥怪人發光的眼睛，那眼眸明亮無比，映照出天邊的彩霞……

他知道該怎麼做了。

他屏氣凝神，靜待時機，趁著山藥怪人又一次俯衝的時刻，口念咒語，用盡全身的力量擲出長矛。射出的長矛幾乎沒有弧線，筆直的朝山藥怪人飛去，最終貫穿了他的雙眼。山藥怪人發出一聲痛苦的低鳴，墜入海中，再也不曾浮起。夜幕在此刻降臨，他們戰勝了。

回到故鄉時，已是好幾個日夜過去。這段期間，姊姊幾乎每天都在家門口守候。當看見四人蹣跚而歸的身影，眼中的淚水不禁滾落下來。她跑向多年未見的母親，雙手抓得死緊，深怕她會在懷中突然消失不見。

經過這麼多年，他們一家終於團圓了。

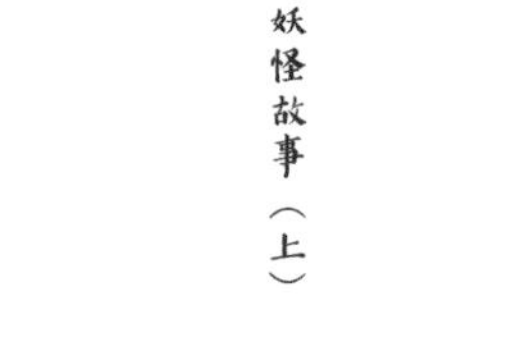

【妖怪事件簿】

山藥怪人的故事，收錄於夏本・奇伯愛雅的《寫給青少年的—再見，飛魚》一書。

達悟人挖掘山藥之前，會先砍幾根蘆葦莖作為驅除魔鬼的武器；他們會把蘆葦莖當作長矛，往田裡射去，如此便能驅走邪靈，使山藥豐收。這則故事，應該便是此項習俗的延伸。

值得一提的是，山藥又被達悟人稱為「巴丹山藥」（Ovi no dehdah）。因為傳說中，山藥便是由菲律賓巴丹群島的伊巴丹人帶來蘭嶼，贈送給達悟人的。巴丹群島位於菲律賓最北邊，與蘭嶼的地理位置非常接近，而伊巴丹人與達悟人同根同源，擁有近似的語言，幾百年來一直互有往來。從故事中父子三人沿著古老的航線南下看來，山藥怪人誕生之初便是往南方飛去，之所以如此，或許是想要回到自己位於巴丹群島的故鄉吧。

只不過，父子三人沿途經過三十多座島嶼才找到母親，而巴丹群島擁有的島嶼只有十座。顯然山藥怪人最終並非選擇定居巴丹群島，而是一路往菲律賓更南邊的島嶼飛去了。

靈界的頭目
大鬼湖之主

很久很久以前，在中央山脈南端的蒼翠深山裡，有塊神祕的土地。要到那裡，非得穿越茫茫的雲與霧，走過蜿蜒的溪流、秀麗的山巒，直到時間與距離都變得曖昧，才能來到一片被宏偉群山包夾的原野。那裡有一群魯凱人，住在「達德勒」部落裡，平時雖過著安穩的生活，但也有些隱憂：他們離靈界太近了。

「靈界」——所有古老的靈魂都住在那兒，同時也是魯凱族的禁地；位置比達德勒更深山，在與高雄、臺東、屏東交界的大鬼湖一帶。靈界時不時會帶來一些壞影響，像毫無道理的心悸、突如其來的疾病，雖稱不上頻繁，但總會讓部落感到些微不安。

與此相對，達德勒部落的巴冷公主卻像部落之光，能驅逐所有不安，人人都喜愛她！巴冷是頭目瑪巴琉家的長女，正是花一般的年紀，把所有百合花加在一起，都比不上她的美。她雖是頭目之女，卻不驕傲，反而溫柔對待所有人，不只是頭目把她視為掌上明珠，所有人都對她愛護有加。

但他們不知道，最近巴冷有了無法與人分享的祕密。

原來，這位頭目之女墜入了愛河。

幾個月前，她在部落附近遇見一位俊美的青年——剛開始巴冷只是覺得對方長得好看，有些心動，沒想過要親近。但她又偶遇青年幾次，青年主動找她攀談，久而久之，巴冷不由得著迷於青年的好品性；這位青年看來只比巴冷年長些，卻知道很多事，彷彿跑遍所有部落，對它們瞭若指掌，連那些古老、已經無人知曉的傳說都一清二楚。他打獵的技術比任何人都高超，跑起來比任何人都快，既陽光又幽默，而且不會因為自己擁有的才能而傲慢。

如果真要說缺點，就是青年太過神祕了！他從不說自己名字，就算巴冷問青年從哪裡來，青年也只說：「我是大鬼湖部落的頭目。」但巴冷覺得他在開玩笑，大鬼湖可是靈界吔！靈界那邊怎麼可能有人？

時間一長，與神祕青年相愛便成了巴冷煩惱不已的祕密。她連對方名字都不知道，青年是真心的嗎？她又該如何向家人解釋自己的戀情？她悶悶不樂，不只在部落，連與青年在一起時都愁眉苦臉。青年大惑不解，為何試著逗她笑，她也不開心呢？於是他問巴冷憂愁的原因，巴冷眼裡含著淚水，像百合花上的露珠，「因為我都不了解你。或許你只是戲弄我，其實不喜歡我，也沒打算跟我在一起。」

「這是天大的誤會。」青年沒想到自己就是讓巴冷失落的原因，連忙說：「這樣吧，為了證明我的誠意，我過幾天就到達德勒部落，向妳家族下聘。」

「真的？」巴冷大喜過望，隨即又嚴肅起來，「既然如此，在你下聘前，我們就不要再見面了。」

「為什麼？」

「這樣你想見我，就不得不快點下聘啊！」巴冷笑容燦爛，光豔動人，那是無論男女老少都會著迷的笑。那時的巴冷公主還不知道，這段離奇姻緣將使她走上截然不同的人生。

幾天後，青年果然帶著大隊人馬來到達德勒，聘禮琳瑯滿目，大出巴冷意料。這下她相信了，或許青年真的是哪個部落的頭目。不過，除了巴冷外，看到青年與其同伴的人，每個都臉色發青，渾身發抖，連巴冷那見過世面的父親都嚴陣以待。

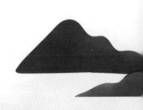

他得知青年住在大鬼湖，便詳細聽了青年的請求，檢查青年帶來的聘禮，並說這些聘禮太珍貴，他要考慮考慮。

考慮什麼？巴冷不明白。她矜持的坐在一旁，心裡卻滿是對情人的愛，不懂父親為何刁難！瑪巴琉的家長客氣的請青年暫時離開石板屋，他想跟女兒討論這場婚事，青年也依言離開，但就在青年身影從石板屋門口消失的瞬間，瑪巴琉家所有人氣勢洶洶的衝到巴冷身邊，神情緊張。

「巴冷！那個人是怎麼回事？」

「什麼怎麼回事？好失禮！他是來求親的啊！我已經認識他好幾個月，也想嫁給他——」

「不准！不可以！」不只頭目，巴冷的家人七嘴八舌的說：「難道妳看不出來嗎？那個人根本不是人，是百步蛇啊！我們怎麼能讓妳嫁給百步蛇？」

巴冷花容失色，家人到底在說什麼啊！她的戀人怎麼可能是百步蛇？但她又想起族人看到青年時的奇怪臉色——

青年確實說過，他是大鬼湖部落的頭目，大鬼湖就在靈界，難道他真的不是人？

一時間，巴冷感到被羞辱，也感到悲痛。為何青年要這樣戲弄她？在她把全部的愛情都奉獻出去後，他才讓她知道自己的真面目！有這麼一瞬間，她想反悔，將聘禮全推出門，痛斥情郎對她的欺瞞！但轉念一想，要是她這麼做，還能夠再見到他嗎？

她想起情郎在陽光下的笑。

那是美麗、毫無虛假的笑，就像暖洋洋的春天。要是再也見不到，她能這樣度過餘生嗎？那樣的人生，豈不宛如永遠的冬季……？

愛就是這麼不可思議，能讓人委曲求全，甚至讓她開始為情郎找理由：或許靈界有什麼規則，他才沒說出真相？或許他不是蓄意欺騙，只是沒想這麼多？不，其實他早就明講自己來自大鬼湖了，只是自己不相信。

在矮小的石板屋裡，時間彷彿流逝得更快，讓巴冷感到一輩子的時間都過去

了，她卻還沒做出決定。最後，她冷靜的對家人說：「不管是不是人，我還是想跟他成親。」

「什麼？妳瘋了嗎？」

家人難以接受，苦口婆心的勸，但巴冷不為所動。沒多久，她甚至不回應了，只是默然坐著。達德勒部落的頭目用力嘆了口氣，這是女兒第一次忤逆，卻也反映出她的決心。他說：「妳嫁過去，要是遇上什麼事，我們可幫不了妳，那裡可是靈界！」

靈界住滿了不可見的存在，它們有不可思議的力量，能輕易奪走人的神智與生命。但巴冷只是說：「沒關係，我相信他。」

這簡單的一句話，其實是可以為愛獻上生命的宣言；巴冷的父親憂傷的看著她，總算同意女兒的決定。他請青年進來，表明同意這場婚事，青年不知道巴冷剛才的掙扎，爽朗的對她笑：「巴冷，很快妳就是我的家人了！我會在大鬼湖等妳。」

青年離開了。

很快的，巴冷要嫁到靈界的消息在部落裡傳開，每個人都難以接受；那個可愛的公主巴冷，居然要嫁到靈界？明明該是喜事，達德勒部落裡卻充滿憂傷，只有巴冷一個人像蝴蝶般穿梭在部落間，繼續為族人帶來歡笑與快樂。她身上連一點憂愁的影子都沒有，像雨後的太陽。

到了出嫁那天，部落裡聚集壯丁送行，要保護巴冷到大鬼湖。這些壯丁都是部落中最強壯、最勇敢的人，但知道要去靈界，他們也有些害怕。其實巴冷心裡也是害怕的，只是沒表現出來。但她已做好心理準備，要是到了大鬼湖，情郎張開雙臂迎接她，她就原諒情郎，原諒他隱瞞了這麼多，原諒他的一切。

將巴冷送進靈界的隊伍朝深山前進了。他們走進更深更深的霧，穿越連時間都被遺忘的地方，終於來到了大鬼湖旁；這座深山的湖泊像在沉睡，湖面上一絲波紋都沒有，同時湖邊也沒有人。既沒有部落，也沒見到青年。

巴冷與部落裡的壯丁面面相覷，他們本來以為會有個部落，誰知半個人影都沒

有；其中一個壯丁說：「我們該不會被騙了吧？這裡根本沒有人啊！」

「我的丈夫——」這時巴冷開口了，「他一定是這個湖的主人。我要到湖裡去，跟他在一起。」

美麗的巴冷說著走到湖邊，腳踏進冰冷的湖水。壯丁們想阻止她，他們覺得巴冷瘋了，但巴冷回過頭，露出平靜的微笑，「你們在這裡等我，大概等溫熱的飯涼掉這麼長的時間就好。要是我沒回來，就表示我死了，去了丈夫身邊，那你們就回去吧。」

說完，巴冷公主轉身躍入湖中，竟沒人來得及阻止她！那時巴冷究竟是怎麼想的呢？她是真的相信情郎就在湖中，還是對情郎的欺騙失望，最後發狂了？但部落的壯丁看見了，跳進大鬼湖之前的巴冷公主，臉上只有平靜。

大家焦急的在岸上等。說也奇怪，要是巴冷溺水，應該會掙扎才對，但湖面還是一絲波紋都沒有；要是巴冷死了，也應該浮起來，但她就像落入水中的雨，只是落進去，再也看不到她的身影。

迷霧中，湖面出現了龐大的影子，那是巨大的百步蛇；壯丁們見了連忙躲起來，他們這才明白，巴冷公主確實是到了大鬼湖之主身邊，那神祕的影子就是百步蛇神，大鬼湖部落的頭目——同時也是靈界的頭目！他收割了巴冷公主的生命，將她迎為靈界的一員。

壯丁們害怕觸犯靈界禁忌，動都不敢動，直到濃霧從湖面上徹底散盡……當他們再度探出頭，已經看不見百步蛇與巴冷公主的蹤跡。

《妖怪事件簿》

這則故事最早的紀錄，或許是一九二〇年，由日本人類學家考察、出版的《番族慣習調查報告書》。前面的故事也是改編自這個版本，並添加原先沒有的細節與推測。到了現在，巴冷公主傳說已經有各式各樣的版本，甚至衍生出歌謠《鬼湖之戀》。

故事發生的達德勒部落，是魯凱族最古老的部落之一，後來數次遷徙，現在與其他部落混合，成為屏東的青葉村。據說部落舊址後面有條小路，就是通往神祕的禁地——大鬼湖，魯凱語是「他羅瑪琳」。在一九三〇年代，日本人類學家出版了《臺灣原住民族系統所屬之研究》，指出越過中央山脈的達魯瑪克部落也流傳著這則傳說，但娶走巴冷公主的不是百步蛇神，而是看不見身姿的「鬼靈」。

「鬼靈」的族語念作Aidridringane，是「隱藏者、看不見的存在」之意。這種鬼靈會對人作祟，祂們盤據的地方會成為禁地，有各種不能觸犯的禁忌。在臺東大南部落的傳說裡，人死後會成為看不見的鬼靈，前往大鬼湖南方的聖地。同樣是「巴冷公主」的故事，達德勒部落將湖神稱為「他羅瑪琳的頭目」，達魯瑪克部落則稱為「鬼靈」，既然大鬼湖就在鬼靈居住的聖地附近，是否暗示湖神就是統治所有鬼靈的靈界之主呢？這則改編所添加的設定，就是根據此一猜想而成的。

咒語的化身
魔鳥

中央山脈頂上的雪水化為瀝瀝清泉，春天時隨著河水咕嚕嚕的滾下，在河谷間的泰雅部落間舒緩的張開手腳。

河水還很冷——要是把腳放進去，一定會凍到渾身顫抖！但越過裸露淡白的河床，一叢叢植物有如爆發的綠色煙火，沿著整座山的形狀蔓延出去。遠遠看著，山頭便是隻巨大的野獸，密林與草原則是牠柔順的毛皮，當風吹過，牠便唱出低低的歌。

河谷旁有位泰雅少女，名叫碧拉。她心情低落的坐在河邊的石頭上。淙淙流水中，一條條的魚奮勇向上、生機蓬勃，正與她的心境相反；原來，她正為快要病死的朋友悠蘭難過。

聽說悠蘭生了病，碧拉去看她，她家人卻不准碧拉探病；碧拉躲在屋外，從木頭的縫隙看進去，忍不住嚇了一跳！平常活蹦亂跳的悠蘭居然瘦成那樣，本來圓潤光澤的臉，卻像抹了一層石灰般蒼白。

「悠蘭應該活不久了。」消息靈通的父親沙三如此判斷。聽見這番話，碧拉忍不住傷心透頂，跑到河邊一個人偷偷哭泣。

「咦？妳不是沙三的女兒嗎？」來河邊洗衣服的婦女們發現了碧拉。她們問：「怎麼啦，為什麼一個人在這兒？」

「我朋友悠蘭快死了！」碧拉哭著說。

大家連忙放下衣服，到她身邊安慰她。她們都認識悠蘭，對碧拉的悲傷感同身受。其中一位婦人說：「可憐的悠蘭。無緣無故就生病，一定是被人詛咒了。」

「被詛咒？」碧拉沒聽過詛咒這個詞。她抬起頭，忘了哭泣。

「妳不知道嗎？我們部落裡，有人會用邪惡的魔法。」那位婦人神祕兮兮，甚至帶著一絲恐懼，「他們會養一種紅色的獨腳鳥害人。一般人看不到，但只要看到這種鳥，就表示他們被邪惡魔法詛咒了，很快就會遇上意外或生病死去！」

眾人紛紛點頭，顯然都知道這種魔法。只要看到那種鳥就會死？碧拉從不知道這麼可怕的事，她發著抖問：「那是誰詛咒悠蘭？為什麼詛咒她？」

「不知道。」婦女們搖頭，「雖然一定有人詛咒她，但沒人知道是誰使喚那種魔鳥……用那種魔法的人都隱藏得很好，畢竟要是被發現，全家都會被殺的。」

「全家都會被殺？」碧拉嚇了一跳，「不是只殺使喚魔鳥的人？」

「當然啦！那種邪惡的東西，碰都不能碰！要是家裡有人還活著，誰知道會不會用魔鳥來報復？要是不殺掉全家，會給部落帶來不幸。」

來洗衣服的女人多半點頭同意。碧拉不禁越來越害怕，原來有這樣可怕的詛咒——邪惡的魔法之鳥——原來悠蘭就是因為看見這種鳥，現在才會躺在床上，連話都說不了！

她慌張的跑回家。一路上，悅耳的鳥鳴響徹森林，本來碧拉很喜歡的，現在她卻害怕不已。要是魔鳥躲在森林裡呢？要是她不小心看到怎麼辦？自己會不會也像悠蘭一樣，忽然就生重病死掉？

她逃回家，將這件恐怖的事告訴弟弟科磊，弟弟也嚇壞了；很快的，「魔鳥」的傳聞在孩子間傳開。有些孩子早就知道魔鳥，有些則是初次聽聞。他們祕密的、熱烈的討論到底是誰詛咒悠蘭？到底是誰這麼殘忍，這樣無情的傷害他們的朋友？

「我知道了！」鐵木說：「一定是住在上游的吉娃絲婆婆。之前碧拉跟悠蘭不

是在她家附近玩，結果被痛罵趕走嗎？」

「這麼說來，據說吉娃絲婆婆家裡有個甕，誰都不准碰，難道就是她用來養魔鳥的？」梏（ㄎㄨˋ）邁說。

「你怎麼知道她家裡有個甕啊？」

「她媳婦說的啊！誰都知道她媳婦大嘴巴！」

他們越說越覺得合理；誰都知道，吉娃絲婆婆最討人厭了，長得醜，聲音怪，還不喜歡小孩。碧拉尤其這麼想。她至今仍能想起吉娃絲婆婆怒罵她時那張恐怖的臉。

就是她詛咒悠蘭的嗎？就是她驅使了紅色的獨腳魔鳥，讓牠在悠蘭面前現身，將可怕、惡毒的詛咒降臨到她身上？這麼想著的碧拉害怕極了，她也被吉娃絲婆婆罵過，既然悠蘭已經被詛咒，下一個豈不是就要輪到自己了？

她不敢跟父母說，也不敢告訴弟弟，就這樣一個人承受著恐懼。沒過幾天，悠蘭真的去世了。這位朋友被草蓆包起來，就這樣埋到土裡，碧拉沒能見到她最後一面。

那天，碧拉下定決心，絕不能坐以待斃。

＊　＊　＊

她偷偷來到吉娃絲婆婆的家。吉娃絲婆婆的兒子早已過世，只有媳婦跟她相依為命。碧拉躲在能看到她家的樹下等，終於等到吉娃絲婆婆跟媳婦都離開家。

她趁這個機會，一溜煙跑進屋內，躡手躡腳的四處尋找。這間木造的屋子不大，碧拉很快就在廚房找到三個小小的甕，蓋子用石頭壓著，彷彿裡頭封住什麼祕密。

或許這就是梏邁所說，吉娃絲婆婆用來養魔鳥的甕……

少女悄悄走到甕旁，將第一個甕上面的石頭拿下來，緊張的打開蓋子，隨即鬆了口氣。裡面不過是醃肉。

她又打開第二個甕的蓋子，發現是醃苦花魚。難道梏邁的猜測是錯的？其實這些甕根本不是拿來養魔鳥的，這麼想著，她又打開第三個甕的蓋子。這下子，她嚇到差點發出尖叫。

甕裡有一隻鳥。

她連忙蓋上蓋子。那確實是鳥沒錯。雖然沒看清楚顏色，也不確定到底是不是獨腳，但她清楚的看到鳥喙和羽毛。楛邁說的果然沒錯，魔鳥果然是吉娃絲婆婆養的！

她害怕的把蓋子蓋回，再將石頭放回蓋子上，抱起甕，直接跑出屋子。

這是她想到的辦法：要是被詛咒就完了，所以她要在受詛咒前採取行動；要是沒有魔鳥，吉娃絲婆婆就沒辦法詛咒她了！碧拉抱著甕跑向河邊。這時，從山的那一頭，一團冰冷濃密、能將一切隱藏起來的迷霧襲來，碧拉被捲進霧裡，這陣霧濃到她連自己的腳都看不到。好可怕，難道是吉娃絲婆婆發現她偷走魔鳥，所以才用魔法招來雲霧，打算阻撓她？碧拉鼓起勇氣，側耳傾聽流水，小心翼翼的來到河邊。

她跪下來，將甕沉入水面，打開蓋子。「嘩」的一下，河水湧入甕裡，轉眼就吞沒了甕口。碧拉打算淹死魔鳥。

但這種由魔法所生的鳥，到底要用水淹多久才會死？碧拉不知道。她不敢大意，兩隻手將甕緊緊壓在水底，暗中祈禱能殺死魔鳥。

不知不覺間，濃霧退開了，像魔法一樣，碧拉甚至能看到碧藍的天空。她慢慢將甕拿出來；四肢因浸在水中，已冰冷得有如石塊。她害怕的看向甕裡。

裡面什麼都沒有。

沒有魔鳥，什麼都沒有，只有清澈無比的水。碧拉把甕轉過來，倒掉河水，接著再看向甕裡，還是什麼都沒有！她總算鬆了口氣，一定是因為魔鳥被消滅了，才會整個身體都消散不見吧？這下吉娃絲婆婆不能用魔鳥詛咒她了！

碧拉平安回到部落，將這件事告訴家人。但家人沒為她高興，反而異常擔憂，原因是——她「看到」魔鳥了。

他們反覆確認，「真的是鳥嗎？真的看到了嗎？」其實，碧拉也沒看得很清楚，但被這麼逼問著，她反而斬釘截鐵的說：「真的看到魔鳥了，是紅色的獨腳鳥。」

父親沙三臉色慘然，「這就糟了。一般人是看不見詛咒的，妳卻看見了。既然已經看見，就表示被詛咒了！」

碧拉聽了害怕不已。她本以為自己逃過一劫，沒想到卻是自投羅網！於是一家人哭成一團，大家都說，要是碧拉死了，他們一定要燒掉吉娃絲婆婆的屋子，並將住在裡面的人全都殺死，一個不留。碧拉也覺得自己死定了。

但意外的是，她健健康康的長大成人。反而是吉娃絲婆婆，沒幾年就聽說她過世的消息，據說是病死在床上。本來應該照顧她的媳婦，不知何時已不見蹤影。事情變成這樣，碧拉也不怎麼確定了；她在甕裡看到的真的是魔鳥嗎？吉娃絲婆婆真的是用邪惡魔法使喚魔鳥的壞巫師嗎？

現在，已經沒人能回答這些問題。

【妖怪事件簿】

日治時期的人類學文獻中，只要提到泰雅族風俗，很少會略過恐怖的「魔鳥」；這種鳥的樣貌有很多說法，有說牠全身赤紅，有時提到獨腳，或說牠白羽紅腳。平常人們看不見魔鳥，但一看見就會死。養這種鳥的人，日治時期的文獻常以「使役魔鳥者」稱呼。

雖然日治文獻稱為「魔鳥」，但魔鳥不是生物，更像是咒語的具體形象；在泰雅語中，對這種魔鳥的稱呼，本身就是「咒語」的意思。所謂的「使役魔鳥者」，其實就是「施咒語者」。

如果只是施咒，倒也沒什麼特別的，但日治時期的文獻之所以常常提到魔鳥，就是因為魔鳥已成為嚴重的社會問題！通常部落裡只要發

生壞事，大家就會懷疑是不是有人透過魔鳥害人；但到底是誰在使喚魔鳥，其實是無法指證的，只能彼此猜忌。要是有人不幸被懷疑操控魔鳥，最壞的下場就是全家被殺，這在日治時期可說屢見不鮮，案例眾多，甚至警察雜誌還記錄了一則恐怖案件——有位泰雅人懷疑某人使喚魔鳥害死他兒子，就率人殺害使役魔鳥者全家，還將現場偽裝成自殺，想要逃避刑責，卻遭警方識破。

那些遭懷疑使喚魔鳥的人，難道真的是邪惡的巫師嗎？這很難說。但也不能說泰雅族人只是胡亂指認，畢竟，他們對魔鳥的恐懼是真實的。知道有使役魔鳥者潛藏在部落中，難道要視而不見嗎？就像故事中碧拉的家人，絕不會放過害死女兒的人。對這種悲劇，我們只能以憐憫之心看待。

翻身就引發地震的地牛

我想我絕對不會忘記那個三月的清晨。

那天是個極為普通的早晨。梅仔坑街正在甦醒，路上湧現人群，有趕著上班的、拉車做生意的，也有坐在小攤子旁吃早餐的。

阿母天未亮就叫我和弟弟起床，弟弟一如往常的賴床，被母親狠狠念了一頓，而我硬撐著眼皮、腳步恍惚的走到街上，從井裡打水洗臉洗手。阿母準備了一如往常的清粥配鹹菜，阿爸早就出門了，剩下阿母催著我倆趕快吃完去公學校上學。

這時突然一陣搖晃，我一時站不穩腳步，差點跌倒。

「哎呦，是地震！」阿母趕忙大喊，外面也傳來此起彼落的驚呼聲。

我跟阿弟還沒反應過來，大地又震了一次。

哐啷數聲，桌上的碗筷翻倒，盤子和鹹菜散落一地。

兩年前的地震我還記憶猶新，阿母當時說，地震的原因是有隻地牛在地底下翻身、抓癢，才使得大地晃動。我們住的地方下面也有嗎？我還記得我這樣問阿母，阿母只敲了我的頭說不要亂說話。

我們稍等了一下，看四周沒什麼特別動靜，我才說：「應該沒事了吧，我們要走嘍！」

牽著弟弟正要走出家門時，霎時，我突然汗毛直豎，似乎聽到大地發出低鳴，難道是剛剛翻身的地牛還沒睡著嗎？

比前兩次都還猛烈的搖晃猝不及防的襲來，嗚響隨著大地震動越來越大聲。我和阿弟完全無法站立，只能跪下緊抱在一起，像是乘著巨浪顛簸的小舟，只希望自己別失足掉進洶湧的汪洋中。房子像是被無形的怪物踩扁一般，轟然倒下，一時沙塵四起。

時間好像過得很快，又過得很慢，彷彿永無休止的晃動終於停止了。

我抬起頭來，只見家裡的屋梁歪了，牆也倒了一半，幸好我和弟弟上面有根梁還撐著沒斷，保護了我們，我緊抱著嚇哭的阿弟，不知所措。直到聽到阿爸的聲音喊著：「和仔……和仔！你在哪裡？」我才放下心來。

外面只有一地散落的石塊，和土地隆起的裂縫。天空突然變得很寬廣，本來排列參差的街屋幾乎全被推倒，只剩幾戶人家還撐著幾根柱子。我聽見倒塌的房屋中傳來呻吟聲和呼救聲，平安無事的人嘗試搬開倒塌的梁柱救人。

父親撿了附近全倒房屋的柱子來撐著屋頂，至少我們一家人還有安身之處。他們說綁小腳的女生很多沒逃出來，幸好阿母只有被壓到腳。阿爸找人把阿母抬到當成臨時醫院的樹下等待醫生治療。很多人的房子倒了，怕還有餘震不敢回家，就在樹下搭蓋臨時的遮棚。

在樹下坐著的還有幾個穿著奇怪服飾的大人小孩，阿母說他們是阿里山的蕃人，偶爾會下山跟我們漢人交易，買點東西，沒想到遇上大地震。

「……是莫托耶匹（motoevi，鄒語「地震」或「搖動」之意）。」那個穿著蕃人服飾的小孩的手用白紗包紮著，注意到阿母對他們指指點點，睜大眼睛搖搖頭，用有些破碎的日文說：「父親說掌管土地的祖靈生氣了。」

「你們的祖靈為什麼要懲罰我們呢！而且明明就是我們的地牛翻身！」我本來還想跟他爭論，阿弟連忙把我拉開，小聲的告誡我說不要跟蕃人吵架，到時候被

「出草」。我推開阿弟，兩人糾纏了一陣，本想再去跟那個蕃人小孩說話，但那些蕃人離開了。

＊　＊　＊

我感到很生氣，我們腳下這隻地牛一定很大隻，才會造成這麼嚴重的破壞，我一定要找牠好好算帳。但阿爸忙著修房子，阿母也在養傷，沒人可以告訴我該去哪裡找地牛。不過，唯一值得高興的，就是公學校也倒了，幸好老師躲在桌子下逃過一劫，但短時間內也無法開課了，我落得逍遙自在。只是初春陰寒多變的天氣，忽風忽雨，讓人心情鬱悶。

那是大地震之後三天的事情，庄裡還是一團亂，阿弟興沖沖的跑過來說，聽說有人在山上看到地牛的尾巴，整整有好幾十尺長，問我要不要去看。我聽了也眼睛一亮，就想去一探究竟。住在巷口的日本人鈴木家的小孩剛好路過，聽我們在討論，反倒要跟我打賭，他父親說地底的是鯰魚不是地牛，他們看到的應該是鯰魚尾巴。

「可是前幾天地震的時候，鯰魚的叫聲才不是這種聲音。」我質疑回去。

「你們又沒聽過鯰魚叫。」鈴木家的小孩聳聳肩說：「眼見為憑。」

「說走就走。」我賭氣的說。

「走！」鈴木和阿弟異口同聲的說。

畢竟，我實在太好奇了，如果地下真有地牛，只是翻個身就害這麼多人死掉，只要發現牠躲在哪裡，我一定要把牠打一頓，打到牠不敢翻身。

我們往庄外走了一會兒，沒想到地震後，地表到處是裂縫，熟悉的地方下陷變成沼澤，有些地方還在噴砂。直到看見一條巨大的裂隙有如疤痕一般隆起數尺高，切開地表數十尺長。

「就是這裡！」阿弟興高采烈的說。

於是我們三個趴在裂隙旁，往深黝黝的黑暗中努力張望著……

這時餘震猛的發生，天搖地動，地上的裂縫突然變大，有如大嘴吞噬掉所見之

物，站在裂縫邊緣的阿弟腳突然一滑，整個人墜入裂縫之中。

餘震不斷，我和鈴木雖然衝出去想要救他，卻連腳步都站不穩，只能整個人趴在地上，緊抓著對方。

「阿弟！」我似乎在喊著阿弟，但劇烈的地鳴掩蓋了我的聲音，也聽不見阿弟和鈴木的叫喊。

不知過了一分鐘，或是一小時，我已經無法辨識時間過了多久，餘震終於停下，大地恢復平靜，好像什麼都沒發生一樣。但面前的裂縫擴張到了近三尺寬，阿弟消失無蹤。

我奔跑到了裂縫邊緣，趴著往下看，雙手撐住的區域土石鬆軟，還往縫隙裡落下了不少土石，石頭落下卻寂靜無聲。我背脊一陣悚然，深怕弟弟就這樣被裂縫吞食，消失在地底深處，被地牛吃了，連屍體都找不到。

「阿弟！有聽到我的聲音嗎？」我鼓起勇氣往裂縫裡大喊，縫隙裡只有一團黏膩的漆黑，看不到底部，也沒有聲音回響。

「他不會撞暈了吧！」鈴木也爬過來跟著我一起往下看。

「安靜，不要說話！我弟不會有事的。」我側耳靠在裂縫旁，努力聆聽地底是否有任何回音，我終於聽到非常微小、遙遠的聲音。

「……嗚……阿兄，我的腳好痛、頭好痛……底下好黑……快來救我……」是阿弟的聲音！

「等我！我們去找人來幫忙。」我對底下的阿弟喊著，但土石似乎隨著我的呼喊震動又掉落了一些。

如果又發生餘震就慘了！我和鈴木焦急的往庄裡奔跑，邊跑邊呼喊著有沒有大人可以幫忙，幸好有幾個村人大哥願意幫忙，我們又趕回裂隙邊，因為不知道下面阿弟的狀況，大人又太高太寬下不去，我就自告奮勇垂吊下去裂縫中救人。

裂縫隨著我越深入，就越窄越黑，我聽見阿弟的聲音越來越微弱，我喊道：「阿弟，阿兄來救你了，撐住啊。」

「嗚……」阿弟的聲音越來越微弱，我終於看見一個身影蜷曲著卡在裂縫的底

下，我用繩子綁住他，兩人抱緊，再往上喊，要上面的大哥拉我們上去。

隨著我們被往上拉，上面的陽光從細細一絲變得越來越明亮，我心中的希望也越來越高。只是這時又一次餘震，土石再次崩落，我以為我和阿弟就要死在這裡時，地震停了。我嚇得呼出一口氣，卻瞥見在這次地震後，裂縫中長出了一絲一絲有如堅硬的毛的東西。

那看起來簡直就像是牛毛！我的手臂起了雞皮疙瘩，想起阿弟說過在裂隙中看到牛尾，以及地震後，地上會出現奇怪的毛的事情。

我知道這次地震肯定是地牛在向我示威。看著吧，等我把阿弟救上去之後，我就要來找你算帳了，地牛！

《妖怪事件簿》

在臺灣，不同族群對於地震發生的原因，有許多種解釋，以漢人最熟悉的「地牛翻身」來說，漢人相信地底下有隻沉睡的地牛，每當牠覺得背脊癢時，就會翻身換個姿勢。嘉義大地震時，更曾有人在地震裂縫處目擊牛尾巴的傳聞，地震後甚至發現「土地長出牛毛」的現象。但地牛翻身害慘了住在地上的人們，造成地動山搖，人員傷亡。因此為了讓地牛平靜下來，綠島地區衍生出了敲打金屬臉盆趕地牛的習俗，或是有些地方的人會學牛發出「哞」的聲音安撫地牛。

與漢人類似的還有布農族的傳說，也認為地底有隻像牛一樣的巨大動物，當角發癢時會摩擦地面。其他臺灣原住民對於地震發生的原因，還有各式各樣的想像，例如泰雅族曾有住在地底的鯉魚被大蜂螫傷，翻動身體導致地震的傳說。阿美族認為是豬或者是山羊靠在山壁搔癢，達悟人想像地上有隻大蛇，當大蛇用尾巴接觸地面時，就會讓大地搖晃。這些想像都是來自原始的信仰與宗教，運用神話或傳說，使得匪夷所思的自然現象成為可以解釋的說法，達到安撫人心的目的。

不過，為什麼地牛會成為臺灣的地震主流傳說呢？其實臺灣本來沒有野生牛群分布，直到荷蘭人引入拉車的黃牛及協助耕作的水牛，牛成為了農人的好幫手，與人群十分親近，也產生了種田農人「不吃牛」的習俗，但與此同時也出現了牛怪的傳說，牛之於人是既親近又可畏的關係，或許是因此，「地牛翻身」的說法才在臺灣廣為普及。

吃掉太陽的天狗

天上的太陽被黑暗吞沒，遮蔽了陽光，四周有如入夜，溫度急速下降，冷風颼起。奇詭的光景讓人背脊發寒，雞皮疙瘩都冒了出來。但也就只有幾分鐘的時間，太陽從黑暗的影子邊緣透出一束光芒，視野逐漸明亮起來，就像大地死過一次又重生。曾有人相信，太陽會失蹤是因為天上有隻天狗吞下了太陽，因此必須敲鑼打鼓，讓天狗嚇到把太陽吐回來。

黃明進下課時間翻閱著報紙，報紙上有日食的記載，上面的照片雖然模糊，但可以看到黑黑一圈外有著像是火焰的影像，那叫作「日冕」，用肉眼直視是看不見的，因為太陽太亮，從地球上只能趁著日食期間觀測。

「如果沒有太陽的話，想必地球上的人類，不，所有生物都會滅絕吧。」藤田涼一悠悠的晃到黃明進的旁邊，抽起日食新聞的那頁也讀起來。

「藤田君說的也是啊，不過幸好日食歷時才幾分鐘，而且你看，報紙上寫過幾天在臺灣本島就能見到日食奇景呢。」黃明進指著報導給他看。

「天狗吞日……這記者也太過浪漫了吧，哈。」藤田笑說。

黃明進和藤田涼一都是臺北高校自然科學研究班的學生，對於自然現象抱持著非常實際理性的看法，有關日食造成的各種誤會他們也不是沒聽過，但若能以科學解釋的話，就不一定要相信這些無稽之談。

嚐——嚐——嚐——

兩人邊聊著，上課鐘就響了，他們趕緊回到位置上。

教導自然科學的荒川老師在黑板上畫出兩個圓形當作地球和太陽，分置在黑板兩側，中間再畫出一個小圓是月球，從太陽兩端各畫出一條線夾著月球，兩條線在地球上交會。「日食形成的原因是月亮遮蔽太陽，當月亮的影子落在地球上時，位在影子中的區域就無法看見太陽。」荒川老師比劃著示意圖解釋道：「過幾天即將出現的日食，就是因為月球的影子經過臺灣北部區域，所以各位同學才能欣賞到日食奇景。」

荒川老師解釋完後，走到講臺前，用雙手抓著講臺兩側，看著臺下的學生，眼神發光的說：「各位，我一向認為學習科學得要有實驗精神，實地觀測是比紙上談兵更能了解科學，因此我要公布一個好消息，日全食那天，我要帶你們前往基隆進行日食觀測！」

「唔喔！太棒啦。」教室裡的一個男同學激動的跳起來，藤田涼一往黃明進看去，給了他一個躍躍欲試的笑容，讓黃明進也不禁開始興奮起來，看著教室前面的黑板，想像著如果能夠親眼看到日食的話，到底會是什麼樣的光景呢？

＊　＊　＊

下課後，黃明進穿著制服回家，臺北高校的學生最近流行的款式是頭上戴著大盤帽，外套當成披肩穿，褲子故意弄得破破爛爛。一手拎著書包，一手插在褲袋裡，走進位於艋舺的家，只見阿嬤坐在太師椅裡正喝著茶休息，見他晃進來就念說：「衣服穿成這什麼樣子，學校都沒規定嗎？」

又來了，早知道今天就走小門，每次被阿嬤看到都要被念個十幾分鐘。

「阿嬤，這叫作流行，同學都這樣穿的！」說完黃明進就溜進後院。

阿嬤又喊著他說：「明進啊，過幾天是天狗食日，你不要亂跑，要待在家裡。」

「天狗食日？」黃明進停下腳步，對於這個從未聽過的名字有些好奇，「阿嬤是說日食嗎？那是自然現象啦，我們上課有教。」

他低頭翻找書包裡的報紙拿出來給阿嬤看，「唉，阿嬤，妳看報紙上的日食照片，如果有天狗，早就被拍到了吧，而且我們那天還要去基隆觀測呢！」

「啥！天狗食日還帶學生到處亂跑，你們老師實在是不知事情輕重。」

「我那天不去會被當成是蹺課喔！」

阿嬤氣鼓鼓的，但黃明進搬出老師和會被記翹課來威脅，阿嬤就拿他沒轍了。

「好啦，阿嬤，我們當天去觀測日食，有看到天狗我再跟妳說。」黃明進安慰著阿嬤。

「看什麼天狗……『老的老步定，少年的較懂嚇』（泉州俗語：老人較持重，年輕人較莽撞），我也是老嘍，老師還真有膽帶你們這群年輕人出去。」阿嬤碎碎念著，但也沒再堅持。

黃明進笑笑，阿嬤果然還是疼他的，但——唉，老一輩的人實在無法溝通。

＊　＊　＊

日食的日子終於到了。

由荒川老師帶隊，一群穿著制服的學生浩浩蕩蕩的前往基隆八斗子海岸。作為觀測實習，他們攜帶了溫度計、三腳望遠鏡、塗有炭的遮光玻璃板等等器材。

黃明進和藤田涼一使用沉重的三腳望遠鏡，在地上鋪上白紙，從望遠鏡投射出來的缺角太陽與太陽黑斑清晰的浮現在白紙上。

「黃同學，我們能見到天文奇景真是我們的好運。」藤田拿著塗黑的玻璃板抬頭觀察著太陽，「真是神奇，宇宙空間這麼大，就這麼剛好月亮走到了太陽的前面，而且影子還剛好經過臺灣，這麼多巧合的發生，卻完全能用科學解釋和計算。」

「唉，原本阿嬤還阻止我參加這次的觀測呢。」黃明進想到這個就有些無奈，「她說天狗出現吃了太陽，你們這群不要命的人才想去追天狗。」

「這也太食古不化了吧！」藤田驚訝的說。

「對啊，很好笑吧。都昭和年間了，他們還完全不信任科學。」

「能夠飛上天的飛行機、自動車、火車，都是科學的產物啊。」

「但我們家很尊敬長輩，就算在心裡覺得很荒謬、難以接受，也無法當面和她爭論。最後我只說要幫她看看有沒有真的天狗。」黃明進微微乾笑了一下，心中仍想起了前幾天與阿嬤的爭執，今天早上他是趁機溜出門的。

太陽被覆蓋的區域越來越大，缺角的太陽從薄雲後出現，變得比新月還要狹窄，觀測途中，太陽已經如絲般細。

日食期間，光線黯淡，黑暗逐漸籠罩大地，面對有如末世的景象，雖然信仰科學，他的心中還是不禁感到一絲恐懼。

「藤田同學，你覺得日食持續的時間有特別長嗎？」黃明進看向懷錶，卻沒有時間延遲的跡象。

「沒有吧，啊，好緊張，快到食既（日全食中的一個階段，這時太陽完全被月

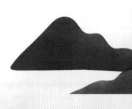

球遮擋住）了。」藤田涼一也瞄了一眼懷錶回答。

只是心理作用吧，黃明進在心中說服自己，怎麼可能有天狗？如果天狗要吃太陽的話，一定是一口咬下，毫不客氣。

隨著天空越來越暗，周圍的氣溫倏的降低，太陽的光芒已經沒那麼刺眼，他拿起塗黑的玻璃片觀測時，好像有什麼奇怪的事情發生了，他看見太陽的邊緣射出一道金光像要逃離黑暗的掌握，另一側月球的陰影處卻有如一張巨大的口，嘴裡尖牙銳利的反射出陽光，一口朝向太陽咬了下去。

「喝！那是？」黃明進突然從玻璃片轉開視線。

「什麼什麼？我沒看見啊。」藤田涼一湊過來問。

「沒、沒事。」都是因為剛剛和藤田同學說了天狗的事，才會出現錯覺吧，他這麼想。

再抬頭一看，那束光芒已然消失，太陽被黑暗吞沒，僅剩頭頂上的星星閃耀著。

＊　＊　＊

當天荒川老師拍的照片洗出來了，雖然絕大多數都失敗，但唯一一張銀鹽底片上有著漆黑的圓形，日冕張牙舞爪的在圓形的邊緣舞動。

荒川老師把照片帶來給同學看，也順便把所有人寫的日誌改完發還。

「真是經典的日冕紀錄啊，完全不輸報紙上的照片呢。」藤田讚嘆的欣賞著照片，再小心翼翼的傳給黃明進。

藤田似乎沒注意到，但黃明進拿到照片時，第一眼就見到了，那令人悚然的景象。在日冕邊緣的陰影，就像一頭大黑狗的身影，巨大的嘴正巴望著一口吞下太陽。他想指給藤田看，但又怕被笑說是錯覺或迷信。

——那真的是錯覺嗎？

黃明進把照片傳給其他同學，不禁擔憂的往窗外看去。但窗外一片明亮，炎熱的太陽仍永不休止的燃燒，照耀著地球，想必在千年、萬年後也還是會繼續發光。

〖妖怪事件簿〗

為什麼掛在天空中的太陽會消失？當大地昏暗，動物逃竄，這些奇異的景象讓古代人感到恐慌，尤其在農業社會中，太陽是植物生長的能量來源，若太陽消失，「恐了日神歸天去，餓死黎民苦眾生」，人們產生了對於農作物枯死，沒有糧食的恐懼，而日、月食的發生也就被視為「凶事」。面對未知的自然現象，為了安撫內心，人們需要一個解釋。因此人們想像天上有一隻巨犬吞食太陽與月亮，但天狗怕巨大的聲響，所以每到日、月食發生時，就得要敲鑼打鼓，趕走天狗，這就是「天狗食日」的由來。

雖然在日治晚期，隨著科學知識傳播，日、月食被視為自然現象，也不再有人懼怕，甚至觀察日食成為全民運動。但事實上到了民國

四十四年，報紙上仍有紀錄，臺中豐原有老人向天祈求，拜託天狗放開被咬住的太陽，還有為了趕走天狗敲破臉盆的報導。

就算是科學昌明的時代，若仍有人相信天狗可以被驅趕，以此作為心靈的慰藉，或許這樣的信仰也有存在的必要吧。

抓交替的水中亡魂
水鬼

初秋的夕陽映照在深不見底的鹿堀溝，四周長著茂密的草叢，附近養豬雞的人家已升起炊煙，遠處製糖所的煙囪也冒出裊裊白煙。

幽深的溝渠看不見邊際，撥開半個人高的草叢，就會看見在地上擺著幾具腫脹發白的屍體，阿興摀著嘴已認不清友人阿告的樣貌。

「這次又溺死了這麼多人，不處理真的不行了。」阿興合起顫抖的雙手，對著屍體拜了三拜。

「要怎麼處理？」阿盛走近水邊看向阿興問：「你有錢請人做法事嗎？」

「我們都是給人請的，那一點薪水不到月底就花光，要怎麼請？」阿興面對阿盛的質問只能沉默。雖已是初秋微涼天氣，但他們感覺不到任何寒意，鹿堀溝的水是溫的，那是製糖所排放的冷卻機器的水，製糖所是他們每天工作的地方。

「那他們怎麼辦？大家都是同事，一起苦過來，活著時痛苦，死了還不能得到解脫。」阿興難過的看著地面上冰冷的屍體。

「這都是命啊，大家都歹命，沒準哪天撐不過去，跳下去也是快活。」阿盛看

著遠方的製糖所，夜晚的鹿堀溝和白天是截然不同的景色。

在夜晚，鹿堀溝旁製糖所下工的工人會到附近的飲食店、料理店飲酒作樂，水面投射著旖旎燈火，聚集了濃豔妝容的藝妓歌女、尋歡的賭客，歌舞聲、勸酒聲此起彼落，掩蓋了失意人的嘆息與投水的聲響，失去盼頭的生命在夜色下淹沒水中。

同樣都是甘苦人，阿興能為阿告做的就是好好安葬，更多的超渡法事已遠遠超過他的能力範圍，只能默默期盼水中亡魂能得到安息。

巧的是近來鹿堀溝來了個戲班子，接到了委託在溝旁演出布袋戲，雖然不是安靈的法會，但多少也能慰藉亡魂。

戲班開演那天，阿興早早就來到溝旁的戲棚。戲班到鹿堀溝開演是一件稀奇的事，才剛入夜，戲棚下就擺滿了椅子，擠滿了人，整個鹿堀溝熱熱鬧鬧的。

「班主，這次怎麼會大老遠跑來鹿堀溝演？」阿興趁開演前的空檔到後臺找班主閒聊。

「就一位阿婆委託我們到鹿堀溝，點了一齣《寶塔記》，指定在今晚演出。」

班主看了周遭確定沒人聽見後，又輕聲的跟阿興說：「阿婆還特別叮囑我們在戲中不能念『阿彌陀佛』，講了好多次，今天開演前又講了一次，有夠囉唆！」

「《寶塔記》？《寶塔記》只有出現道士沒有和尚啊，不會念到阿彌陀佛吧？」阿興疑惑的看著班主。

「哪知，付錢的最大，就按她說的來吧！」班主朝阿興無奈的說道，戲快開演了，阿興回到位子上。

入夜後，戲棚架在老樹下燈火通明，等觀眾坐定了，好戲便開鑼。

樂師拉起從潮州傳來的古調，白天聽還不覺得，在幽靜的夜晚，聽來更像為亡靈超渡的樂曲，也難怪潮調戲[1]有「師公調」的別稱，阿興越聽越冷打了個寒顫，搓了搓手臂取暖。

戲大概從戌時（晚上七點至九點）開演，過了大半夜還在演前半段。鹿堀溝水面映照夜色，只見月色漸漸黯淡，烏雲密布，阿興覺得周圍好像越變越暗，只有戲棚的光是亮著的。

「阿興！你怎麼在這裡？」阿興被喊了一聲嚇得跳起來，往後一看原來是阿盛。

「你怎麼也在這兒？」阿興分了個位子給阿盛問道：「你剛來嗎？有沒有覺得鹿堀溝好像比平常更冷了。」

「對啊！又冷又暗，其他人都沒看過，不是製糖所的，也不是同村的，不知道是從哪來的。」阿興順著阿盛的目光看著四周，果然除了阿盛，他一個人都不認識。

直到阿興看到一個熟悉的面孔，揉了揉眼睛想看清楚時，阿盛將阿興拉近在他耳邊說：「他們臉色也太慘白了，衣服看起來還溼溼的，像……掉進水裡一樣。」

阿盛脫口而出說的話，讓阿興毛骨悚然，他想起那個熟悉的面孔是誰了。

一 為臺灣布袋戲的一種，潮調是廣東潮州地區流行的音樂系統，潮調戲是指後場使用的音樂曲式為潮調的布袋戲。

「阿盛，你看那邊……那個人好像是阿告……」

阿盛拍了拍阿興，以為他在開玩笑，順著方向看去，整張臉變得鐵青。

阿告在不久前才跳下鹿堀溝，蒼白腫脹的屍體被撈起時，阿盛和阿興都親眼看見。

阿興和阿盛頓時明白過來。阿興對阿盛說：「我……去跟班主問問，還要多久才會結束。」阿興站起身準備要走，阿盛跟在他後面說：「等等我！我跟你一起去……」

阿興有種錯覺這戲好像結束不了，從戲棚看著操偶的偶師，戲偶在夜空翻飛，但仍看得出來偶師已筋疲力盡。一旁負責拉曲敲鑼的樂師也累得快要睡去，但往臺下一看，觀眾仍精神奕奕，看得津津有味，這不太尋常。

「班主，這戲演了好一陣子了，什麼時候會結束啊？」阿興在後臺小聲的問班主，「我也不知道，感覺演了很久，卻一直結束不了。」班主疲憊的回答。

阿興和阿盛對看一眼後，看了臺下興致高昂的觀眾，心裡那莫名的猜測越來越篤定，今晚上演的這場戲不是說停就能停的。

這時，戲演到方卿中了狀元當上高官後，扮成道士回到襄陽姑母家那段，阿興突然想起開演前班主提到，委託他的阿婆特別叮囑不能念到「阿彌陀佛」，但這不是什麼禁忌的字詞，為什麼會特別交代在戲裡不能念呢？

鹿堀溝的夜已越來越深，層層疊疊的雲遮擋著月光，唯一的光來自戲臺，周圍陰暗又詭異。在鑼鼓聲的襯托下，仔細聽從溝裡隱約傳來低低的哭嚎，和悽悽的哀笑，阿興內心的不安達到極點，搓著手臂上的疙瘩，心底暗暗升起一個念頭，他記得老一輩在路過喪事或遇到怪事時會默念一句「阿彌陀佛」，因為阿彌陀佛這句佛號能超渡陰魂。

周遭氛圍像是被一團濃濃的黑霧籠罩，除了戲棚微弱的燈光，幾乎伸手不見五指，莫名的壓迫感從身旁臉色慘白腫脹的觀眾間襲來，阿興和阿盛對看一眼，恐懼壓得他們快要不能喘息。

阿興想盡各種方法，只能試試唯一的可能性了，他鼓起勇氣深吸一口氣，中氣十足的大喊了一句——

「阿彌陀佛！」

此話一出，突然間，上一秒演得如火如荼的戲棚轟然倒塌，激起地面層層塵土。

而原本烏黑如濃墨沉重的夜空，從厚實的雲層閃現一道光，照亮了鹿堀溝，阿興抹了抹眼睛一看，臺下的觀眾在這一瞬間煙消雲散，天光大亮，原來，早已是白天了。

阿興愣愣的與阿盛對望，大夢初醒般回過神來，臺下觀眾消失得無影無蹤，原本沉重陰森的氣氛也沒了。

「祂們果然不是人啊……阿告也走了。」阿盛幽幽的對阿興說。

「中途打斷祂們看戲，希望祂們見諒。」阿興雙手合十的朝鹿堀溝拜了三拜。

後來，戲班和阿彌陀佛的事在鹿堀溝傳開，眾人津津樂道「阿彌陀佛」這句法號的威力，也意識到鹿堀溝水鬼急需安魂的問題。

阿興和阿盛某天下工後，從製糖所走出來，看見鹿堀溝旁圍著一群人。

「傷念水溺孤魂鬼眾……月冷水寒，寂寂之沉魂何托……」法師對著水面，口中念念有詞，幾個壯漢將一塊大石頭立在水邊。

法師念完科儀文，覆蓋石頭的布被揭開，阿興看到上面刻了「阿彌陀佛」四個字。

立碑儀式完成，人群中傳出細碎隱忍的哭聲，阿興望過去，看見哭泣的婦人手中捧著一幀黑白照片，那瘦弱蒼白的臉那麼熟悉，是製糖所的阿告。

阿興看著照片心裡想著，希望溺亡的魂魄都能有所依歸，圓滿離去。

水鬼的傳說在臺灣多個水域都有，長輩會告誡孩子們在農曆七月時不要靠近水邊，因為非自然死亡的水鬼，被認為是冤死枉死的厲鬼，會抓交替代替他們在水中受苦，抓了交替後就能投胎轉世，當然也有心軟不抓交替的水鬼，這水鬼心地善良還救了落水的人，後來成為城隍爺，在《臺灣民俗》中就有記載這樣的故事。

水鬼一般是溺死的人，關於樣貌的描述，有記載是瘦小黝黑，有著紅色眼睛，手腳有蹼。也有認為水鬼的樣貌是溼淋淋，長時間在水中浸泡的蒼白模樣。

人們為了讓非自然終亡的水鬼安息不再作祟，也會在農曆七月舉行普渡儀式，讓水中亡魂受到供養，接引溺死亡靈上岸。

除了會舉行普渡儀式外，為了鎮壓或超渡水鬼，也會在水邊放置空間厭勝物（避邪、擋煞、消災之物），像是立石碑、龜塔和立廟。故事中的嘉義大林鹿堀溝，在一九一六年（大正五年）立了刻有阿彌陀佛的石碑後，鹿堀溝水鬼作祟的情況大幅下降。

水鬼的祭儀大都在農曆七月舉辦，但在農曆五月端午舉辦的龍舟比賽，也有祭江、祭水鬼的意味，龍舟是宗教性的船隻，划龍舟能驅逐河中凶邪，也有安撫供養水鬼的意涵。

水鬼傳說的發生地點常在危險水域，是因為當地水域環境地形多變、有暗流或急流潛藏危險，下水溺斃的機率大幅提升，臺灣許多溪流都是「死亡水域」，在下水前先看是否有警示牌，不要在天氣差的時候去水邊，就不太會遇到水鬼抓交替了。

殺死嬰兒的貓鬼

媽媽懷孕了。

每天挺著肚子走來走去，總是很累的樣子，常會因為一些小事生氣。但偶爾她心情好的時候，會讓我貼近她鼓起的肚子聽聽裡面的動靜。

她問：「聽得到妹妹的心跳聲嗎？」

那聲音好像從裡面很深很深的地方傳來，像游泳時把頭浸在水裡，聽外面的聲音一樣。

「妹妹住在這裡？」我好奇的問。

「小晴以前也住在裡面啊，再過幾個月，妳就要當姊姊嘍。」

「當姊姊比較好嗎？」

「當姊姊的人要乖，要照顧妹妹。」媽媽這樣說。

「那誰要照顧我？」我有些不滿的問。

「小晴長大了，可以照顧自己了。」媽媽揉揉我的頭說。

「我不要長大可以嗎？」

媽媽順了順我的頭髮，覺得很好笑的說：「總有一天妳會習慣的。長大可以做很多事情啊，可以自己出去玩，自己煮飯，就不用媽媽叫來叫去、管來管去。」

「不要，我不要長大啦。」心中突然覺得一陣彆扭，卻又不知道什麼原因。

「媽媽也不是一開始就是媽媽啊，每個人總有一天要長大的。」

「我就是不要！」

「怎麼這麼任性！」

「我討厭長大！」撂下那句話後，我轉頭衝出房間。

衝出房間時，我沒看路，只感覺踩到什麼柔軟的東西。家裡養的黑貓尖厲的喵了一聲，咬了我的腳一口。

「哎喲，黑豆你不要亂擋路。」雖然臉上有個白斑的黑豆才是被我踩到的受害者，只是在氣頭上的我只想把貓趕開，但黑豆還是抓著我的腳不放。黑豆來我們家已經一、兩年了，原本還怯生生的很怕人，現在卻已經是熟門熟路，還會耍任性的貓了。

「你也要學著長大了，黑豆！」我抓住黑豆的前腳把牠整隻抱起，貓嘶嘶著抗議，但還是被我逮到房間裡關起來。

＊　＊　＊

沒想到過了幾天，黑豆不見了。

我瘋狂的在屋內屋外尋找，但連黑豆最喜歡的窩都見不到牠的蹤影。

爸爸和媽媽這才帶著歉意說，因為妹妹要出生了，家裡有貓怕對嬰兒不好，容易過敏，還有可能會不小心傷到小嬰兒，所以找人領養黑豆。

——為什麼！黑豆做錯了什麼？為什麼一切以妹妹為重，那我們呢？

我不知道我有沒有把我的憤怒吼出來，但看到媽媽愧疚的表情，我感到一陣空虛的勝利，只是我知道黑豆再也不會回來了。

＊　＊　＊

晚上，我夢見了小嬰兒和黑豆。

天色很黑，沒有月光，我躲在房間的角落環抱著自己，想逃離隔壁房間傳來的嬰兒哭聲。

這時，我聽到一陣搔抓聲從窗外傳來。

我全身發麻，彷彿有一股冰涼的水沿著背脊流下，我打開窗，看到一隻全身覆蓋著金色長毛、泛著金光的貓，臉上跟黑豆一樣有個白點，牠金綠色渾圓的眼瞳盯著我看，雖然長得不像黑豆，但我知道牠就是黑豆。

我往窗外走去，試圖抓住那隻金色的貓，但那隻貓突然往我胸口撲來——

我尖叫出聲，然後醒了過來。

* * *

媽媽要生了。

媽媽被送上車前，爸爸對我說，要乖乖留在家裡等媽媽回來。

我很乖，我沒有亂跑，也有乖乖上學、寫功課和吃飯。

只是沒想到媽媽帶著妹妹回家之後，好像變了一個人，再也不想理我了。

「媽媽，妳看這是我在學校畫的畫。」

「等我一下。」

「媽媽，老師說聯絡簿要看過簽名。」

「妹妹要喝奶了，先不要吵我。」

「媽媽，小玉生日帶了一大桶乖乖桶來班上，我也想要請同學吃。」

「我沒有時間帶妳去買，叫妳爸帶妳去。」

「媽媽⋯⋯」這次我吞回在嘴邊的呼喚，因為我不想再聽到媽媽拒絕的話。

晚上，媽媽在幫妹妹洗澡。

小嬰兒長得那麼醜，頭上沒幾根毛，軟軟小小的。

「這是妹妹喔。」爸爸抱著洗完澡包在被巾裡的小嬰兒，眼睛都還沒睜開。我伸手摸了她軟軟的臉頰。

「小晴要抱抱看嗎？」爸爸邊搖晃著妹妹說。

「危險啦！到時候摔下來怎麼辦？」媽媽的語氣中有些焦急和擔憂。

「我會抱很緊的。」我大聲保證。

「不行不行，等妳長大再說。」媽媽把妹妹從爸爸手上接過，抱離我的視線。

「嗯……」到底我是長大了，還是沒長大呢？我吸吸鼻子，覺得眼睛熱熱的，但那些疑問我不願說出口，大概永遠都不會說出口了。

＊　＊　＊

過了幾天，我在家門口發現一隻被輾過的貓，黑白相間，臉上有個醒目的白點。

我拿樹枝戳著已經僵硬的黑豆，鄰居的阿嬤經過，大罵夭壽，「死掉的黑貓也太不吉利。晦氣晦氣。」

鄰居阿嬤大驚小怪的說：「『死貓掛樹頭，死狗放水流』，死貓要掛在樹頭才不會變成貓鬼回來，妳去叫妳媽來幫忙收一收。」然後就用老人最快的步伐走了。

我死死的盯著黑豆，卻完全不想要把黑豆掛在樹梢上。牠應該是從領養的家庭中逃跑的吧，結果最後還是被車撞了。

我把屍體留在原位，當我放學回來後，黑豆的屍體已經不見了。

＊　＊　＊

我待在妹妹的房間，妹妹的臉看起來還是皺皺的，但比之前好很多了。頭上的毛稀稀疏疏，被剃去之後反而沒長幾根出來。

她沉睡著，拇指放在嘴巴裡，純潔無害的模樣反讓我從肚子裡升起一把火。

——全都是妳的錯。

我抓緊嬰兒床旁的欄杆，這樣的念頭突然從腦袋深處跳了出來。

——都是妳，媽媽才會不愛我，黑豆才會死掉……

我用棉被遮住妹妹那張令人厭惡的臉。

這時，我聽到窗外傳來搔抓聲。

我打開窗看，不禁瞪大了眼。那是一隻發光的貓，金色長毛高高聳立著，臉上有個斑點，就如夢中一樣。

「黑豆?!」我不禁喊出聲來。

牠張大了金綠色的眼瞳，往室內衝刺，利爪撲往嬰兒床上的妹妹。

我呆愣片刻，心裡那種「就讓牠把妹妹帶走吧」的邪惡想法，源源不絕的冒出來。我其實知道這種想法是不對的，真的讓貓鬼抓走妹妹，只會毀了我們一家人。

「不准！不行！走開！」我尖叫著，揮舞著雙手要趕走貓，牠尖銳的前爪抓住了我的手臂，深深刺入撕裂我的皮膚。貓鬼發出嘶嘶聲，張牙舞爪的還想往嬰兒床爬去，但我緊抓住貓鬼的腳用力拉扯著，一直不放。

妹妹似乎被吵醒了，用力哭著。

「如果你真的想要有人負責的話，就來找我好了。」我也跟著哭得一把鼻涕一把眼淚，貓鬼大概也覺得累了，停止了掙扎，只用圓滾滾的大眼盯著我看。

「在吵什麼！」妹妹房間的門被爸媽打開，爸媽看到房裡和貓鬼糾纏在一起的我，傻眼片刻，然後媽媽抄起了放在門邊的掃把，爸爸拿了一支衣架把我和妹妹護在身後。

「如果要傷害我的小孩，我就跟你拚命！」媽媽拿掃把用力的往貓鬼身上戳去。

「喵」的一聲，貓鬼被逼後退了兩步，似乎打消了要繼續攻擊的念頭，轉身跳出窗外消失無蹤。

我狼狽的坐在地上，看著一團混亂。

那真的是死掉的黑豆變成貓鬼回來嗎？如果當時我不阻止牠，黑豆真的會殺了妹妹吧。對於差點坐視這種事發生的我，我感到一陣噁心。卻也覺得慶幸，幸好，那並沒有發生。

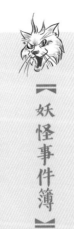

【妖怪事件簿】

「死貓吊樹頭，死狗放水流」是臺灣民俗中對於死亡的忌諱。傳統認為，貓帶有陰氣，因此埋在土裡會吸收地底的陰氣化為貓鬼。傳說中，貓鬼的體型比普通貓巨大，身上的毛很長，在黑暗中會發出金色微光。白天躲藏在樹上休息，到了晚上會四處遊蕩找尋食物。傳說貓鬼最喜歡小孩滿月吃的雞酒，牠會聞香而來，發現嬰兒就會用前爪掐住他們的喉嚨，殺死他們，所以有新生兒的家庭，在夜裡都要關緊門窗。有些家庭甚至會提早送走嬰兒，直到滿月才接回家。或者去求來「貓鬼毛」，放在家中避邪。

貓鬼有時被認為是嬰兒早夭的原因，傳統社會中，因為衛生環境不好，對於小嬰兒的照顧不像現代一般仔細，所以很多嬰兒在襁褓中因為各式各樣的原因死亡。因此，貓鬼禁忌的出現，或許也是要警惕父母要照顧好剛出生的嬰兒，不然容易夭折。

攔路勾魂的竹篙鬼

已經是大半夜了。滿月高高掛在天頂，月光潔白明亮，卻被濃濃的竹葉篩去大半。在濃密竹林中的路上，不拿手電筒，恐怕沒走幾步就會摔跤了。

話說回來，我和姊姊其實不該在這裡的。

夏天剛開始沒多久，我和姊姊被送到鄉下阿嬤家過暑假。這是我第一次回阿嬤家，一開始，聽到要度假還很興奮，但一到這裡我就後悔了。阿嬤皺著臉，招呼著我和姊姊，時時大聲喊叫，讓我嚇得半死。只是那樣的話也就算了，更可怕的是，阿嬤的平房裡，沒有電視電腦，電燈裝得少，晚上到處黑得可怕，而睡覺的房間，甚至沒有冷氣！

阿嬤家附近的田，長得都一樣，第一天就跑膩了。晚上，我就吵著要回去。

「妳阿爸阿母沒空啦！哪有人才來一天就這麼任性！」

阿嬤用她的大嗓門罵了我一頓，不顧我嚇得大哭，趕我們上床睡覺了。

於是半夜，我決定要自己走回家，姊姊也跟我一起來了。

我們來時曾經經過竹林，因此我知道這是回家的路，可是，晚上的竹林跟白天

比起來，未免也差太多了。那些漂亮的竹葉和竹竿，在晚上變得黑黑的，走在兩排竹林中間，儘管還在賭氣，卻也不免有點害怕。好險有姊姊在。

「好黑喔……要不要先回阿嬤家……」姊姊小聲說。

「不要！」我馬上回。

其實我有點想回頭，只是不想向姊姊承認。我加快腳步，假裝很生氣，不讓姊姊看到我的表情。才走沒幾步，姊姊卻趕上來，突然拉住了我。

「幹嘛？」

姊姊繃著臉，不說話，只是指著前面。我轉頭看，發現一根竹子像是有人用力下壓似的，橫倒在前方幾公尺處，宛如矮柵欄一樣，正好擋住了我前進的方向。

看到那根竹子，我愣住了。

剛才，前面明明沒有竹子啊。

「誰在那邊嗎？」

姊姊對著竹子基部的暗處怯怯的問，但沒人回答。竹林間吹起了一陣風，我覺得有點詭異，想趕快離開這裡，往前就想跨過那根竹子，卻又被姊姊拉回來。她神經兮兮的找了一顆石頭，往前拋過了竹子——

竹子「嘩」的一聲往上彈起，把石頭打飛了。

我嚇得大叫，緊抓住姊姊的手臂，姊姊拉著我往後退了幾步，就在這時，我們一起看到了：另一根竹子在離我們更近的地方咿歪作響的彎了下來，變成新的柵欄。

明明沒有人在那裡。我手臂上起滿雞皮疙瘩。

「趕快走！」

姊姊尖聲說，牽著我轉頭就跑。我們慌亂狂奔，卻不斷聽到竹葉沙沙聲跟在後頭，我轉頭一看，看到路旁一支支竹竿連番倒下，像是追著我們一樣，越來越急，越來越近，我又尖叫起來，催著姊姊跑快一點，自己卻不小心絆到石頭，摔倒了。

這一摔，我鬆開姊姊的手，而姊姊又跑了幾步才回頭，已經在我前面幾步遠的地方了。

「姊——！」

我怕得大聲喊，掙扎著爬起來，想要快步跟上她，她卻用比我更大的聲音對我大吼。

「不行！不可以過來！」

我被她嚇到，停下腳步。這下子，我終於看清楚路上的東西，頓時渾身僵硬。一根竹子橫過了路，剛剛好隔開我和姊姊，也擋住了我回去阿嬤家的路。

風又開始吹起來了，路兩旁的竹竿隨著風妖異搖擺，互相咯咯撞擊，竹葉也像是在嘲笑我和姊姊一樣，窸窸窣窣響個不停。一片風聲竹聲之中，我依稀還聽見了一陣笑聲，輕得就像一句悄悄話，近得就像是在我耳邊低語——

「呵呵。」

我哭了起來。我想過去姊姊那邊，卻得跨過那根奇怪的竹子，而跨過竹子的話，就會被打到。被打到會怎麼樣？我光想就覺得毛骨悚然。不敢過去，這種絕望感啃噬著我；過不去，這種無力感折磨著我，我不知道如何是好，只能待在原地，全身不停發抖。

姊姊也在哭。她在竹子的另一邊扭著手，也在顫抖，好像努力在想辦法，卻也一籌莫展。她皺起臉，看起來驚慌得要命——

不對。

與其說驚慌，倒像是開始生氣了。

「你這個大壞蛋！怎麼可以這樣欺負別人！」

姊姊開始大罵。她不是在罵我，而是對著橫倒在我們之間的竹子，邊哭邊罵，越罵越大聲，越罵越凶，連那些爸媽告誡我們不可以說出口的字眼，都氣急敗壞飆出口來。我張大嘴看著叫罵到脹紅臉的姊姊，既驚訝又困惑，一時竟然忘了哭泣。難道竹子會因為被罵就感到羞愧嗎？我覺得荒謬，可是不知道為什麼，看著姊姊這樣罵竹子，我慢慢的，好像沒那麼害怕了。

不知道什麼時候，風停了。

剛才還十分恐怖的風聲、竹葉聲，只剩下輕微的刷刷聲響，姊姊也用盡了她所

知的罵人話，停下來喘著氣。就在這時——彷彿竹子真的被罵到覺得不好意思——擋在路中間的竹竿居然嘩嘩的抖了抖，像是平交道柵欄一樣緩緩升起，真的從我和姊姊之間挪開了。

我震驚的望著這一幕，弄不清楚究竟發生了什麼事，只是呆呆的站在原地。倒是姊姊比我快回了神，趕緊衝過來到我身邊，重新牽住我的手，拉著我繼續向前跑。

我們最後總算是平安跑回阿嬤家。

半夜偷離家的事情當然瞞不過阿嬤，隔天，阿嬤一面處理著我膝蓋上的傷，一邊大聲叨念著我怎麼這樣調皮。我還來不及阻止，姊姊就跟阿嬤說了竹子的事，害我又被捶了一下頭。但阿嬤最後還是說，沒事就好。

竹林裡的究竟是什麼東西？我問阿嬤，可是她不肯說清楚。不過她要我們如果再遇到，就像前一晚那樣應對。

「反正大聲罵，用力罵，它就不敢對妳怎麼樣了啦！」

阿嬤替我的傷口上完藥，就匆匆準備出發去田裡了。幾乎一夜未眠的姊姊，窩在客廳的藤椅上沉沉睡去，而我則坐在旁邊，目送阿嬤扛著鋤頭，出門走遠。

可是——奇怪了？阿嬤的田明明不是在那個方向呀！

我再度溜出門，一路小心翼翼跟蹤阿嬤，最終，居然又回到竹林邊。我蹲在不遠處的樹叢後面，聽見阿嬤深吸一口氣，用她中氣十足的聲音對竹林揚聲怒吼——

「不管你是什麼東西，少來找麻煩！我孫女要是出了什麼事，我就跟你拚命！」

說完，她提起鋤頭，威嚇似的敲打了兩下竹林口的竹竿，才又轉過彎，往田裡的方向邁步而去。

竹林靜悄悄的，好像做錯事的小孩，不敢吭聲。

而我開始覺得，阿嬤其實也沒那麼可怕了。

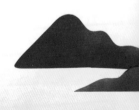

【妖怪事件簿】

竹篙（ㄍㄠ）就是竹竿的意思，竹篙鬼、竹子鬼、竹鬼，指的是同樣的妖怪。說到竹篙鬼，多數時候是指出沒在傍晚至夜間的竹林，會將竹竿壓彎攔路的妖怪，但是，人們多半只能看到不自然彎曲的竹子而已，很少有人目擊過它的真面目。一旦在竹林小徑遇上橫倒的竹子，很可能便是碰到竹篙鬼了，如果直接從上面跨過的話，彎在路上的竹子會突然間打直，打中跨越竹子的那個人。

被打中可不只是很痛而已——相傳竹篙鬼就是這樣勾人魂魄的，所以大意跨過竹子而遇襲的人，除了被彈飛或高吊在半空中，還常常落得昏迷不醒的下場，甚至會丟了性命。想要避免遭遇不幸，最好從旁繞開，但要是無法繞開，則可以試著對竹子大聲叫罵，竹篙鬼有可能會被叫罵的氣勢震懾而將竹子伸直讓路，這時就可以平安通過了。

有趣的是，撒奇萊雅族傳說中有一種叫作「嘎利亞」（Kalia）的惡魔，也會把竹子彎曲害人，嚴重會致人於死，作祟的方式和竹篙鬼幾乎一模一樣。

竹篙鬼有時指的是另一種身材瘦高得像竹竿的妖怪。這種妖怪的傳說流傳在澎湖望安鄉一帶，有時是人形，有時只是黑影，會在夜裡出現，跟在人的前後，伺機攻擊。當遇到這種竹篙鬼時，應對的方法是不彎腰直直的蹲下身，撿起路邊草莖，一點一點撕短，嘴裡不斷念道：「我長、你短，我長、你短……」如此一來，鬼影也會漸漸縮短，最後消失不見。

竹篙鬼的故事很普遍，無論哪一種，老一輩的人或許都曾聽說過。

雖然不知道竹篙鬼在現代是否還會作祟，在陰暗的竹林裡無論如何都該小心行走，以免不小心發生危險。

夜裡的青色火光

塔逹塔大

我小時候見過塔達塔大一次。

有一次我跟村裡的朋友拉拉跑到村外玩，沒注意時間，在太陽像歸巢的鳥一下鑽到山後，天色變暗時，我們連忙回家，結果還沒到村子，就暗到什麼都看不見了。那天烏雲鋪滿整個天空，天上半點星星都沒有，更別說月光了，我跟拉拉害怕的偎在一起。天黑前，我們正朝著村子走，所以一直走應該就能回到村子吧？我們朝記憶中家的方向前進。

剛開始我們還很樂觀，但走了很久很久，忍不住害怕了起來；為何走了這麼久，我們卻一直走在直線上，絲毫沒有轉彎？回家的路有這麼筆直嗎？雖然恐懼，但誰都沒表現出來，反而裝成很勇敢的樣子，害怕被取笑。

不知過了多久，我們再也沒辦法偽裝成不害怕的樣子，甚至開始責怪起對方怎麼沒注意到時間，或是對方走錯路，害我們現在還回不了村子。

我跟拉拉之間的氣氛變得有些險惡，但又離不開對方，畢竟誰也不想在這樣的夜晚落到只有一個人的田地。這時，忽然見到遠方有白色的光，這讓我們激動起

來，既然有光，那一定有人家！無論是不是我們的村子，那都是希望。

我們像要把身體最後一絲力氣給用完的全力狂奔，但越是接近那片光，我們就越猶豫。

因為那越看越不像是村落的光。它們不是靜止不動的，會四處亂飄，甚至跟風的方向無關。我跟拉拉握著彼此的手，僵在當地，最後還是朝火光的方向去了。這也沒辦法，因為那是這片黑暗裡唯一的光，除了那個方向，我們無處可去。

當我們接近，才發現那裡是一片沼澤，無數青白色的火光在沼澤上跳著舞，那真的除了「跳舞」之外，沒有別的形容方式了；它們忽上，忽下，像彈簧般跳起來，形狀變化萬千。這些火焰有數十團，甚至上百團，當它們碰在一起，就融合成更大的火焰，但馬上又分開。就這樣，火焰有如夜晚的青色花朵朝不同方向搖擺，有些快，有些慢，有些高，有些低，不斷相遇又分離，就像短短幾秒鐘，光之花綻放又凋零，無數的生命在死去後重新開始。

我們呆呆的看著，居然沒有逃跑的念頭；因為這些火焰就像在表演世上最美麗的幻象，我們完全沉迷在裡面，只想繼續看，哪會想逃跑的事呢？然而，某個東西讓我清醒過來。

在萬頭攢動的群焰中，有個小小的人站在沼澤中心。他看起來跟我們一樣是小孩子，不，甚至比我們更小。那個孩子穿著黃色衣服，不知為何，明明青色的火光照亮了他，我卻覺得他的身影有些模糊，像橘黃色的霧，臉跟髮型都看不太清楚。為何這樣的孩子會站在火光之中呢？我有些詫異，甚至有些羨慕——我也想站在這些如夢似幻的青色火光中啊！

這時，我被看到了。

那孩子忽然轉頭看我。好奇怪，明明他已經面向我了，我卻還是看不清他的臉；他有如煤灰般漆黑的眼睛瞪著我，像在觀察小動物，接著露出笑容。

我突然意識到，這孩子不是人。

「哇啊！」我嚇得轉身就跑，卻忘了帶著拉拉一起；太可怕了，我頭也不回的狂奔，那怪物煤灰般的眼睛在我腦中徘徊不去，要是停下來，我一定會被抓住吧！

但我忘了前方一片漆黑，什麼都看不到，才跑幾步就狠狠撞上什麼，強烈的衝擊讓我暈了過去。

等醒來時，已經是白天了。我倒在樹旁，鼻青臉腫，看來前一天晚上我撞到的就是這棵樹。奇怪的是，這裡居然離村子不遠！為何昨天都沒發現呢？我又餓又渴，拖著疲倦的身子走回村裡，看到我回來，大人們又是高興，又是生氣，連聲責問我到哪兒去了。我講了昨天晚上看到的景象，大人們嚴肅起來，說我看到的是「塔達塔大」。

塔達塔大被漢人稱為「鬼火」，就是那些在沼澤上飄著的火光，它也會化身為穿黃色衣服的小孩，會捉弄人、讓人搞不清方向，甚至把人給藏起來。

「對了，拉拉呢？」有大人開口問。我慌張了。我以為拉拉自己回來了，難道沒有嗎？聽了我的話，大人緊張起來，連忙動員所有人去找拉拉，還說尤其要往山裡找，但即使傾盡整個村莊之力，連續找了好幾天，都沒有找到拉拉。

我們從此失去了拉拉。

幾年後，爸媽帶著我搬到城市，我逐漸忘了家鄉，忘了拉拉。後來我也算小有成就，轉眼就到了退休的年齡，回過神來，連孫子都有了。有一天，我跟孫子講起往事，突然驚覺好久沒回故鄉，便趁著還有體力，踏上歸鄉的旅程。

我的家鄉在東部某處，我離開時年紀太小，不確定具體位置。奇怪的是，我在網路上找村子的名字，卻什麼都找不到，彷彿這個村子從未存在過。

這當然不可能。幸運的是，我還記得鄰近村子的名字，並在地圖上找到它們，大概推論出故鄉可能的位置。我帶著簡單的行囊，開車上路，朝應該存在的故鄉而去。

但我只推測出大概的位置，就算在地圖上只是一個小圓圈，實際換算到土地上，還是異常廣大；我找了半天卻徒勞無功，只好到鄰近的村子探問，不可思議的是，即使問跟我年紀差不多的老人，也沒人聽過村子的事。

難道我弄錯了，其實故鄉不在這附近？還是記錯名字？不可能啊！我帶著疑惑離開，整天的追尋算是白費了，但時間晚了，看來只能開車到附近的城市找旅館過夜，明天再繼續。

我開著車，車燈前方照出分散拉長的白色橢圓，除此之外沒半點光明，這地方真的太鄉下了。我突然想起小時候遇見塔達塔大的事，還有當時就行蹤不明的拉拉；如果是現在的我，應該就不會驚惶失措，能夠帶著拉拉逃跑了吧？當時真的太幼小了，現在的我已經不害怕那些鬼怪。

這天也沒有月亮，沒有星星，什麼都沒有。要不是車上的導航顯示我還在路線上，或許我會以為自己迷失在沒有光的深海裡。這時，我忽然注意到左前方有光亮，那會是村落嗎？我有些激動，那裡會是我失落的故鄉嗎？

要前往火光的源頭，就必須離開導航的路線，改走旁邊的小路。我沒有猶豫，立刻將車開進這條未知的小路，過沒多久，我就發現那不是村落的燈火，但我還是毫不猶豫，像是被鬼怪迷住一般，心平氣和的繼續朝那裡前進。

我很快就看清火光的真面目，那是滿山滿谷的塔達塔大，比我小時候看到的更多，大概有上千團火球吧！唯一不變的是，它們都輕盈的跳著舞，像在開心的舉辦派對；我將引擎熄火，打開車門，朝塔達塔大們走去，發現它們飄浮在沼澤之上，這正是我小時候看到的那個沼澤。

四周沒有任何世俗的聲響，只有風聲、蟲鳴，但仔細聽的話，這些塔達塔大似乎在笑，就像孩子們的笑聲，又像風鈴，或金屬碰撞在一起的聲音。這些聲音讓人平靜。

我看著塔達塔大們的表演，接著緩緩轉過身，走出幾步，眼前果然出現一棵樹。這就是我小時候一頭撞上去，讓我昏過去的樹。明明已經過了幾十年，這棵樹看來卻完全一樣，彷彿時間不曾在它身上留下任何痕跡。

我記得很清楚，簡直像昨日那樣清晰；小時候的我醒來後，發現自己就在村子附近。於是我轉過頭，認真追尋自己的記憶，終於在另一個方向看到截然不同的光輝——那顯然是屬於村子的燈火！是穩定、在窗戶裡面，象徵著生活的燈光。不是鬼怪，是人。我知道自己終於找到故鄉了。我回到車上，將車子轉了個方向，朝故鄉的燈火駛去。

【妖怪事件簿】

塔達塔大（Tadatadah）的傳說主要流傳在撒奇萊雅族與阿美族間，根據日治時期的文獻，就是飄在空中的怪火，據說遠遠的看，就像一群人舉著火把涉水過河，火焰可以多合為一，也可以一分為多。這種鬼火的形象，直到現代都還在流傳，有些地方認為要是看到塔達塔大，本來運氣不好的人可能會生病，也有地方認為塔達塔大的火焰是青綠色的。

但除了鬼火形象，當代還流傳著不同版本的塔達塔大傳說；這種塔達塔大則是捉弄人的鬼怪，會講撒奇萊雅語，看起來很矮小，衣服或身體是黃色的，會將人引誘到目的地以外的地方，被引誘的人一開始不會害怕，甚至不會感到奇怪，等回過神來，才發現自己來到陌生的地方。

單純從被迷惑進而失蹤這點來看，其實與漢人的魔神仔也有一點點相似，有可能是好幾種不同的傳說混在一起，最後讓塔達塔大有了新的面貌吧？

參考書目

向玉帝告狀的燈猴

●周璽，《彰化縣志》（一八三六年）●簡榮聰，〈臺灣民間器物崇拜鉤析〉，《文化資產保存學刊》，第十六期（二〇一一年）●吳槐，〈新舊年末年始行事考（二）〉，《民俗臺灣》，第八號（東都書籍臺北支店，一九四二年）

鄭成功斬除的妖怪

●李献璋編，《臺灣民間文學集》（臺灣新文學社，一九三六年）●蔡蕙如，《與鄭成功有關的傳說之研究》（臺南市立文化中心，一九九八年）●漢聲出版社，〈鄭成功斬妖除魔，夜裏的大怪手〉，《中國童話，一月》（漢聲出版社，一九八一年）

因花締結的姻緣——蛇郎君的故事

●簡齊儒，《臺灣地區蛇郎君故事研究》，國立中興大學碩士學位論文（臺中：國立中興大學，二〇〇〇年）●小林保祥、松澤員子，《排灣傳說集》（南天出版社，一九八八年）●金榮華，《臺灣魯凱族民間故事》（新北：中國口傳文學學會，二〇一四年）●李任癸，《高雄縣南島語言》（高雄：高雄縣政府，一九九七年）

別替陌生人開門——虎姑婆的故事

●黃之雋，〈虎媼傳〉，黃承增《廣虞初新志》卷十九（一八〇三年）●佐山融吉、大西吉壽，《生蕃傳說集》（杉田重藏書店，一九二三年）●金榮華，《臺東卑南族口傳文學選》（中國文化大學中國文學研究所，一九八九年）●許端容，《臺灣花蓮賽德克族民間故事》（中國口傳文學學會，二〇〇七年）●白易弘，《臺灣民間故事類型歸屬研究》，中國文化大學中國文學研究所碩士論文（二〇一二年）

住在風之根源的風婆

●佐山融吉、大西吉壽，《生蕃傳說集》，頁671-672（杉田重藏書店，一九二三年）●吳瀛濤，《臺灣民俗》，頁511（臺北：眾文圖書，一九九四年）。

來自巴丹群島的山藥怪人

●夏本．奇伯愛雅，《寫給青少年的——再見，飛魚》（常民文化，一九九九年）

靈界的頭目——大鬼湖之主

●臺灣總督府臨時臺灣舊慣調查會，中央研究院民族學研究所譯，《番族慣習調查報告書》（中央研究院民族學研究所，二〇〇〇年）●臺灣總督府臨時臺灣舊慣調查會，中央研究院民族學研究所譯，《蕃族調查報告書》（中央研究院民族學研究所，二〇一二年）

咒語的化身——魔鳥

●臺灣總督府臨時臺灣舊慣調查會，中央研究院民族學研究所譯，《番族慣習調查報告書》（中央研究院民族學研究所，二〇〇〇年）●臺灣總督府臨時臺灣舊慣調查會，中央研究院民族學研究所譯，《蕃族調查報告書》（中央研究院民族學研究所，二〇一二年）●森丑之助，《臺灣蕃族志第一卷》（一九一八

年）●佐藤春夫，邱若山譯，〈魔鳥〉，《殖民地之旅》（二〇一六年）

翻身就引發地震的地牛

●佐山融吉、大西吉壽，《生蕃傳說集》（一九二三年）●陳忠信，〈試論臺灣地牛神話的形成與發展〉，《中國學術年刊》，第三十期（二〇〇八年九月）
●莊美芳，〈論臺灣原住民各族地震神話類型──兼論排灣族群地震神話的特殊性〉，《東華漢學》，第十七期（二〇一三年六月）

吃掉太陽的天狗

●徐聖凱，《日治時期臺北高等學校與菁英養成》（Airiti Press Inc.，二〇一二年）●池田敏雄，〈艋舺の日食風俗〉，《文藝臺灣第三卷第三號》（一九四一年十二月二十日）

抓交替的水中亡魂──水鬼

●李進億，〈淡水河下游地區的「水信仰」－以水神及水鬼崇拜為中心〉，《臺灣風物》，第五十八卷第一期，頁53-96（二〇〇九年）●楊家祈，《臺南拜溪墘祭儀與聚落變遷之研究》，國立臺南大學碩士學位論文（臺南：國立臺南大學，二〇一五年）●吳瀛濤，《臺灣民俗》（臺北：進學，一九六九年）。

殺死嬰兒的貓鬼

●片岡巖，《臺灣風俗誌》（臺灣日日新報社，一九二一年）●李進益、簡東源編，《花蓮縣民間文學集2》（花蓮縣文化局，二〇〇一年）

攔路勾魂的竹篙鬼

●李進益、簡東源，〈竹篙鬼的故事〉，《花蓮縣民間文學集（二）》（花蓮縣文化局，二〇〇一年）●黃澄煌，〈迷信一束〉，《民俗臺灣》，第四卷第八號（東都書籍臺北支店，一九四四年）●劉秀美，《火神眷顧的光明未來：撒奇萊雅族口傳故事》（秀威資訊，二〇一二年）

夜裡的青色火光──塔達塔大

●臺灣總督府臨時臺灣舊慣調查會，中央研究院民族學研究所譯，《番族慣習調查報告書》（中央研究院民族學研究所，二〇〇〇年）●劉秀美，《火神眷顧的光明未來：撒奇萊雅族口傳故事》（秀威資訊，二〇一二年）●黃嘉眉，《花蓮地區撒奇萊雅族傳說故事研究》，國立東華大學民間文學研究所碩士論文（二〇〇九年）

各篇作者（姓名順序依筆畫排列）

林祉均〈因花締結的姻緣──蛇郎君的故事〉、〈住在風之根源的風婆〉、〈抓交替的水中亡魂──水鬼〉 **青悠（許雅婷）**〈向玉帝告狀的燈猴〉、〈鄭成功斬除的妖怪〉、〈別替陌生人開門──虎姑婆的故事〉、〈攔路勾魂的竹篙鬼〉 **高珮芸**〈翻身就引發地震的地牛〉、〈吃掉太陽的天狗〉、〈殺死嬰兒的貓鬼〉 **楊海彥**〈來自巴丹群島的山藥怪人〉 **瀟湘神**〈靈界的頭目──大鬼湖之主〉、〈咒語的化身──魔鳥〉、〈夜裡的青色火光──塔達塔大〉

故事館
給孩子的臺灣妖怪故事（上）
驚天動地妖怪大集合！大自然與動物的神祕傳說

作　　者　臺北地方異聞工作室
插　　畫　格紋上的茶漬（莊予潔）
美術編排　黃鳳君
校　　對　呂佳真
主　　編　汪郁潔
責任編輯　蔡依帆

國際版權　吳玲緯
行　　銷　闕志勳　吳宇軒　余一霞
業　　務　李再星　李振東　陳美燕
總 編 輯　巫維珍
編輯總監　劉麗真
發 行 人　凃玉雲
出　　版　小麥田出版
10483 台北市中山區民生東路二段 141 號 5 樓
電話：(02)2500-7696
傳真：(02)2500-1967
發　　行　英屬蓋曼群島商家庭傳媒股份有限公司
城邦分公司
10483 台北市中山區民生東路二段 141 號 11 樓
網址：http://www.cite.com.tw
客服專線：(02)2500-7718 ｜ 2500-7719
24 小時傳真專線：(02)2500-1990 ｜ 2500-1991
服務時間：週一至週五 09:30-12:00 ｜ 13:30-17:00
劃撥帳號：19863813　戶名：書虫股份有限公司
讀者服務信箱：service@readingclub.com.tw
香港發行所　城邦（香港）出版集團有限公司
香港灣仔駱克道 193 號東超商業中心 1/F
電話：+852-2508-6231
傳真：+852-2578-9337
馬新發行所　城邦（馬新）出版集團 Cite(M) Sdn. Bhd
41-3, Jalan Radin Anum, Bandar Baru Sri Petaling,
57000 Kuala Lumpur, Malaysia.
電話：+6(03)-9056-3833
傳真：+6(03)-9057-6622
電郵：services@cite.my
麥田部落格　http:// ryefield.pixnet.net
印　　刷　漾格科技股份有限公司
初　　版　2021 年 9 月
初版二刷　2023 年 8 月
售　　價　299 元

ISBN 978-626-7000-07-6
EISBN 9786267000120(EPUB)

國家圖書館出版品預行編目資料

給孩子的臺灣妖怪故事．上，驚天動地妖怪大集合！大自然與動物的神祕傳說 / 臺北地方異聞工作室作；格紋上的茶漬（莊予潔）繪．-- 初版．-- 臺北市：小麥田出版：英屬蓋曼群島商家庭傳媒股份有限公司城邦分公司發行，2021.09
面；　公分．--（小麥田故事館）
ISBN 978-626-7000-07-6(平裝)
1. 妖怪 2. 通俗作品 3. 臺灣

298.6　　110011347